Frieda Maul · Schlemmen auf Taille

Frieda Maul

Schlemmen auf Taille

Fit und schlank durchs ganze Jahr

Gräfe und Unzer

Mit Farbfotos vom Teubner-Studio, Füssen

3. Auflage

Druck des Textes:
Buch- und Offsetdruckerei Georg Wagner, Nördlingen
Druck der Bilder und des Einbandes:
Pera-Druck Hanns Haug KG, München
Bindung: Großbuchbinderei Monheim (Schwaben)
ISBN 3 7742 3606 2

Inhalt

Heute ißt man anders

Schlemmen auf Taille ist kein Widerspruch! Wer dieses neuartige Kochbuch studiert, wird es bestätigen. Wie wir mit Gaumenfreuden und Leckerbissen gesund leben können, wird hier in wissenschaftlich fundierter, aber leicht verständlicher Form gezeigt.

Wie bleibt man fit und schlank? Dieses Problem bewegt heute die meisten von uns. Die Lösung ist aber nicht bei einer Abmagerungskur oder spartanischer Lebensweise zu suchen, sondern vielmehr bei einer durchdachten Ernährung: Die Lebensmittel-Auswahl, ihre Zubereitung und die über den Tag richtig verteilten Mahlzeiten müssen in Einklang gebracht werden. Jeder Feinschmecker kann dabei auf seine Kosten kommen.

Wir wollen hier keine neue Mode-Diät empfehlen, sondern zeigen, wie sich die Ernährung sinnvoll dem modernen Lebensrhythmus anpassen soll. Gesundheit und Wohlbefinden nehmen wir meist als etwas Selbstverständliches hin, aber beides wird uns nicht geschenkt, wir müssen auch etwas dafür tun! Wenn wir überlegen, wie entscheidend sich die Beanspruchung des Menschen durch Umwelt und Tätigkeit in den letzten Jahren gewandelt hat, erkennen wir die Notwendigkeit dieses Wegweisers.

Die fortschreitende Entwicklung der Zivilisation verändert unsere Lebensweise. In der gemütlichen »guten alten« Zeit galt es, den durch Muskelarbeit entstandenen Anforderungen zu genügen. Heute dagegen ist eine völlige Umstellung der Ernährung notwendig geworden, denn die körperliche Betätigung des Menschen ist durch Mechanisierung der Arbeitsprozesse und durch zunehmende Motorisierung stark reduziert worden. Wir müssen die bisher kohlenhydrat- und fettreiche und damit kalorienreiche Kost durch eine Nahrung ersetzen, die weniger Kohlenhydrate und Fett, aber mehr tierisches Eiweiß, und viel Vitamine und Mineralstoffe enthält. So wird unsere vollwertige moderne Ernährung mehr als bisher Milch, Quark, Käse, Fisch, Fleisch, Eier, Gemüse und Obst bieten. Eine Hauptgefahr für den Körper ist heute bei uns nicht der Mangel, sondern es sind Überfluß und falsche Auswahl der Lebensmittel, die wiederum zum Mangel, dem Mangel an Nährstoffen, führen können.

Auch das Lebensmittelangebot und die Zubereitungsformen haben sich in den

letzten Jahren grundlegend gewandelt. Wissenschaft und Technik haben neue Wege zur Lebensmittelbeschaffung und -aufbewahrung beschritten. Haltbarkeit, Qualität und Stabilität des Nährwertes sind kaum noch Probleme. Wir sehen uns einem vielfältigen Angebot gegenüber und sind bei der Speisenauswahl nicht einmal mehr, wie früher, an die Jahreszeiten gebunden. Das vorliegende Buch paßt sich jedoch dem Jahresablauf an. In 12 Monatskapiteln wird eine der Jahreszeit entsprechende Auswahl an Gerichten gebracht. Bei einem Speiseplan »ohne Jahreszeit« könnte sich sonst leicht die Fülle des Gebotenen nachteilig auf die Gesundheit und das Wirtschaftsgeld auswirken. Selbstverständlich werden in den Rezepten aber die Errungenschaften der Nahrungsmittelindustrie berücksichtigt. Zum Beispiel Tiefkühlkost und vorgefertigte Gerichte erleichtern die Arbeit und sparen Zeit.
Ein mäßiges Körpergewicht und eine schlanke Figur machen selbstbewußter und leistungsfähiger, das ist vielen bekannt. Weniger bekannt dürfte es sein, daß auch die Verteilung der Mahlzeiten Gesundheit und Taille beeinflußt. Es hat sich gezeigt, daß die bisher gebräuchliche Nahrungsaufnahme in drei Mahlzeiten pro Tag der veränderten Lebensweise nicht mehr entspricht; zudem fehlt oft die notwendige Verdauungspause. Besonders der geistig konzentriert arbeitende Mensch braucht eine gleichmäßig über den Tag verteilte Nahrungszufuhr. Es sollten daher Zwischenmahlzeiten, bei denen nicht die Quantität, sondern die Qualität entscheidet, eingeschoben werden. Sie müssen sich sinnvoll mit den Hauptmahlzeiten ergänzen und außerdem entsprechend der körperlichen Beanspruchung zusammengestellt werden. So verhindert man, daß im Laufe des Tages entstandene Lücken in der Nährstoffzufuhr erst am Abend in einer oft zu üppigen Mahlzeit ausgeglichen werden. Zur gesunden Ernährung gehören also leichte, gut über den Tag verteilte Mahlzeiten, bei denen die Träger »leerer Kalorien« wie Süßigkeiten und Reinfette auf ein vernünftiges Maß beschränkt werden sollen.
Mit Wochenspeiseplänen werden die 12 Monatskapitel eingeleitet, die der Hausfrau bei der Frage »Was koche ich morgen?« helfen sollen. Im Januar, April, Juli und Oktober bringen diese Pläne 5 Mahlzeiten täglich und damit auch Anregungen für erstes und zweites Frühstück und für den Nachmittag. Bei den Speiseplänen ist auf eine harmonische Zusammensetzung der Lebensmittel geachtet worden. Fast alle Rezepte wurden nur einmal aufgenommen. Die auf die Pläne folgenden Rezepte wurden nach modernen Gesichtspunkten ausgewählt

und zusammengestellt. Zum Gelingen ist allerdings eine genaue Einhaltung der angegebenen Mengen und Zubereitungsformen unerläßlich. Bei den Mittagsmenüs sowie den einzelnen Rezepten wurden die Kalorienwerte berechnet, darüber hinaus auch die Fettmengen, um zu zeigen, daß eine Einschränkung des Fettgehaltes den Genuß nicht beeinträchtigen muß. Die Zutaten wurden, wo erforderlich, genau in Gramm angegeben, da nur bei gewissenhafter Beachtung dieser Mengen die Kalorienwerte und der Anteil aller Nährstoffe stimmen können. Alle Gewichtsangaben entsprechen den handelsüblichen Normen. Es ist zweckmäßig, die Löffel- und Tassen-Maßangaben mit den im eigenen Haushalt verwendeten Löffeln und Tassen abzustimmen. Hierbei hilft die vergleichende Tabelle auf der Seite 11.
Schlemmen auf Taille ist also keine Utopie! Auch Sie können es, wenn Sie sich ein wenig mit den Voraussetzungen für eine gesunde Ernährung beschäftigen, guten Willen mitbringen, Ihren Speiseplan sinnvoll zusammenstellen und nach den nun folgenden Rezepten kochen. Wer vernünftig lebt, lebt besser und länger!

Frieda Maul

Wie ernähren wir uns richtig?

Eine richtige Ernährung ist Voraussetzung dafür, daß das Wachstum und alle körperlichen Funktionen regelrecht verlaufen und wir gesund und leistungsfähig bleiben; sie ist also einer der wichtigsten Umweltfaktoren und dient nicht nur dazu, daß wir uns vor Hunger schützen und am Leben bleiben. Dies wurde aber erst in den letzten zwei Jahrhunderten erkannt. Ernährungsmaßnahmen waren zwar schon lange Gegenstand der Therapie; große Ärzte des Altertums, wie Hippokrates, oder des Mittelalters, wie Paracelsus, sahen in der Diätetik ein wichtiges Glied in der ärztlichen Behandlung. Eine Wissenschaft von der Ernährung, die sich erst in den letzten hundert Jahren allmählich entwickelt hat, ist durchaus ein Kind der neueren Zeit. So sind erst wir in der Lage, wissenschaftlich zur Lösung des »Welternährungsproblems« beizutragen.
Von einem solchen Welternährungsproblem hört und sieht man heute sehr viel. Doch ist diese Problematik keineswegs einheitlich in allen Ländern der Erde.

In den sogenannten Entwicklungsländern haben viele Menschen nicht soviel zu essen, wie es im Interesse ihrer Gesundheit und Leistungsfähigkeit wünschenswert wäre. Vor allem ist die Zufuhr an hochwertigem Eiweiß unzureichend. Wachstums- und Gesundheitsstörungen, besonders bei Kindern, sind die bedauerliche Folge. Das jetzt schon bestehende Mißverhältnis zwischen Bevölkerungszahl und den zur Verfügung stehenden Nahrungsvorräten kann in Anbetracht der für die nächsten Jahrzehnte zu erwartenden Bevölkerungszunahme nur noch schlimmer werden.

In den hochzivilisierten und hochtechnisierten Ländern, also zum Beispiel bei uns in Deutschland, ist die Problematik eine ganz andere: Auch hier ist eine falsche, aber vorwiegend eine zu reichliche Ernährung ein Krankheitsfaktor, und mancherlei Erkrankungen sind durch eine solche zu reichliche oder falsch zusammengesetzte Ernährung bedingt. Stoffwechselleiden der verschiedensten Art sind die Folge. Männer, die mehr essen, als ihr Körper braucht, erliegen leichter einem Kreislaufversagen. Menschen mit Übergewicht haben ganz allgemein eine geringere Lebenserwartung als Normal- oder gar Untergewichtige. Man darf also auf keinen Fall zuviel essen. Doch vielseitig darf – und soll sogar! – die Kost sein. Dann ist am ehesten Gewähr dafür gegeben, daß man sich alle wichtigen Nährstoffe zuführt und die Kost vollwertig ist.

Doch was ist vollwertige Ernährung? Wie ernähren wir uns »richtig«? Ein Mensch kann nicht erst Ernährungswissenschaft studieren müssen, um zu wissen, wie er im Interesse von Gesundheit und Leistungsfähigkeit seine Ernährung gestalten soll. Hier hilft ihm die »Deutsche Gesellschaft für Ernährung«, eine Gesellschaft, in der Wissenschaftler und Praktiker zusammenarbeiten mit dem Ziele, die Ergebnisse ernährungswissenschaftlicher Forschungsarbeit in aller Welt in eine für den Verbraucher nutzbare Form umzuprägen.

Eine der Fachkräfte, die im Dienste der Deutschen Gesellschaft für Ernährung seit vielen Jahren und mit großem Erfolg tätig ist, hat dieses Buch verfaßt. In ihrem Werk wird dem Leser der Weg gewiesen, wie er sich richtig und trotzdem schmackhaft ernähren kann.

Prof. Dr. med. H.-D. Cremer

Vor dem Kochen zu lesen

Dieses Buch soll zum Mitdenken anregen. Daher ist für jede Jahreszeit nur *ein* ganztägiger Plan aufgestellt worden. Die Tabelle auf Seite 12 für Fett- und Kalorienwerte verschiedener Nahrungsmittel ermöglicht es, das Frühstück und die Zwischenmahlzeiten sowie die Ergänzungen zur Abendmahlzeit sowohl in der Art als auch in der Menge individuell auszuwählen. Dadurch wird jedem die Möglichkeit gegeben, seine richtige gesunde, vollwertige Ernährung zu finden. Bei den Kartoffeln für die Mittagsmahlzeiten sind jeweils die Kalorienmengen von 200 g pro Person in der Berechnung enthalten.
Die Rezepte und Menüs wurden für einen durchschnittlichen Vier-Personen-Haushalt aufgestellt. Dazu gehören entweder zwei Erwachsene und drei Kinder im Alter von 5 bis 8 Jahren oder zwei Erwachsene und zwei Kinder im Alter von 10 bis 14 Jahren oder vier Erwachsene. Dabei wurde pro Person ein Tagesdurchschnitt für die Nährwertberechnung zugrundegelegt von 2200–2700 kcal mit 80–90 g Eiweiß, 75–85 g Fett und 280–350 Kohlenhydraten.
Die Berechnungen wurden nach der »Kleinen Nährwerttabelle der Deutschen Gesellschaft für Ernährung«, 16. Auflage, und nach der Lebensmitteltabelle von S. W. Souci/H. Bosch vorgenommen.
Und hier noch einige Tips:

Temperaturen und ihre Anwendung

– im Elektro-Backofen (100–275°)

100–150°	Trocknen von Gebäck
150–175°	schwache Backhitze
175–190°	mittlere Backhitze
190–210°	starke Back-, schwache Brathitze
210–225°	Überbacken mit Bräunen; starke Brathitze
250–275°	Überkrusten; stärkste Brathitze

– im Gas-Backofen (Schaltstufen 1–8)

1–2 (100–150°)	Trocknen von Gebäck
2–3 (150–175°)	schwache Hitze; bei Fleisch große Stücke (Pute)
3–4 (175–190°)	mittlere Backhitze; bei Fleisch große Stücke (Gans)
4–5 (190–210°)	starke Hitze; gare Zutaten, flaches Fleisch
5–6 (210–225°)	noch Brathitze
6–8 (225–275°)	Gratinieren

Gewichte und Maße

Es enthält 1 gestrichener	Eßlöffel	/ Teelöffel
Mehl	15 g	8 g
Stärkemehl	15 g	8 g
Backpulver		3 g
Paniermehl	10 g	
Zucker	20 g	8–10 g
Kakao	10–12 g	
Öl	15 g	5 g
Sahne	20 g	
Tomatenketchup	20 g	
Gekörnte Brühe	12–15 g	5–8 g

Schließlich faßt 1 Tasse Milch oder Wasser $^1/_8$ l bis 150 g; 1 Eßl. Milch 20 g und 1 Eßl. Wasser 15 g. 1 Becher Joghurt wiegt 175 g.

Alle Rezepte dieses Buches sind, wenn nicht extra anders angegeben, für 4 Personen berechnet.
Die zu jedem Rezept genannten Kalorienwerte enthalten bereits die angegebene Fettmenge.

Fett- und Kalorientabelle für einige Grundnahrungsmittel

Der genießbare Teil von 100 g eingekaufter Ware enthält (Fettmengen in Gramm):

	Fett	kcal
Roggenvollkornbrot	1	239
Mischbrot	1	252
Brötchen	1	278
Knäckebrot	1	383
Biskuit	5	441
Zwieback, ohne Ei	4	403
Kartoffeln mit Schale		68
ohne Schale		85
Kartoffelknödelpulver		337
Pommes frites (erhitzt)	8	220
Zucker		394
Marmelade (im Durchschnitt)		274
Honig (im Durchschnitt)		305
Vollmilchschokolade	33	563
Äpfel		48
Birnen		50
Pfirsiche		42
Erdbeeren		37
Weintrauben		70
Kirschen, süß		57
Orangen		39
Bananen		61
Grapefruit		23
Tomaten		18
grüne Gurke		7
Rettich		32
Radieschen		20
Haselnüsse ohne Schale	62	690
Apfelsaft		47
Grapefruitsaft (aus der Dose)		46
Johannisbeersaft, schwarz		57
Traubensaft		74

	Fett	kcal
Tomatensaft (nach Souci-Bosch)		21
Weißwein, deutsche Lagen		61
Rotwein, deutsche Lagen		69
Schankbier, hell		45
Weinbrand (im Durchschnitt)		220
Eierlikör		169
Milch, 3 %	6	122
Butter	81	755
Margarine	78	733
Speisequark, mager	1	88
Sahnequark, 40 % in der Trockenmasse	17	241
Edamer Käse, fett, 40 % in der Trockenmasse	22	221
Doppelrahmfrischkäse, fett, 40 % in der Trockenmasse	31	354
Camembert, 45 % in der Trockenmasse	23	301
Hartkäse, 30 % in der Trockenmasse	22	342
Hartkäse, 20 % in der Trockenmasse	10	253
Schinken, gekocht	20	274
Schinken, geräuchert roh	29	344
Leberwurst	40	440
Zervelatwurst	41	454
Roastbeef	14	233
Corned beef, deutsch	6	153
Fleischwurst	21	250
Schwartenmagen	20	248
Zunge	12	167
Kalter Kalbsbraten	8	140

Erläuterung von Fachausdrücken

Nahrung

setzt sich aus vielen pflanzlichen und tierischen Lebensmitteln zusammen.

Nährstoffe

sind die Bestandteile, die der Körper aus den Lebensmitteln verwerten kann. Sie dienen zum Aufbau der Körperzellen, dem Ersatz verbrauchter Körpersubstanz und der Lieferung von Wärme und Energie. Man unterscheidet die Nährstoffgruppen *Eiweiß, Fett, Kohlenhydrate, Mineralstoffe* und *Vitamine.*

Eiweiß

ist Baustoff und Brennstoff zugleich. Es ist zum Aufbau, zum Wiederaufbau und zur Erhaltung der Körpersubstanz unentbehrlich. Für den Erwachsenen mit mittelschwerer körperlicher Tätigkeit gilt die Faustregel: jeden Tag sollte seine Nahrung 1 g Eiweiß je Kilogramm Körpergewicht enthalten, das sind etwa 15 % des Gesamtkaloriengehaltes der Tageskost. Bei älteren Menschen liegt die Menge etwas höher. Ebenso ist der Bedarf bei Säuglingen, Kindern und Jugendlichen höher, da im Wachstumsalter mehr Aufbaustoffe benötigt werden. Ein Drittel bis die Hälfte des täglichen Eiweißbedarfs sollte durch tierisches Eiweiß gedeckt werden, enthalten in Milch, Sauermilch, Trockenmilch, Joghurt, Quark, Käse, Fleisch, Fisch, Ei. Pflanzliches Eiweiß ist in Getreideerzeugnissen, Kartoffeln und Hülsenfrüchten enthalten.

Fett

ist nahezu ausschließlich Brennstoff. Er liefert Wärme und Energie und ist außerdem Träger fettlöslicher Vitamine. Fett ist der Nährstoff mit dem höchsten Brennwert. In der Nahrung unterscheidet man sichtbares Fett zum Streichen und Kochen, zum Beispiel Butter, Margarine, Öl, Plattenfett, Speck, Schmalz, und unsichtbares Fett, das viele Lebensmittel enthalten, zum Beispiel Fleisch, Eier, Milch. Es sollten täglich nicht mehr als 30 bis 35 % des Kalorienbedarfs durch Fett gedeckt werden, das sind in die Praxis umgerechnet insgesamt etwa 70 bis 85 g Fett für einen Erwachsenen mit körperlich leichter Tätigkeit. Für die Ernährung ist pflanzliches und tierisches Fett geeignet. Mit % Fett i. T. wird die Fettmenge in der Trockenmasse des Käses angegeben. Jeder Käse hat einen gewissen Prozentsatz Wassergehalt.

Kohlenhydrate

sind ebenfalls Brennstoffe. Der größte Teil des Energiebedarfs wird aus Kohlenhydraten gedeckt. Sie liefern etwa 50 bis 60 % der täglichen Kalorien. Zu den Kohlenhydraten gehören die verschiedenen Zuckerarten, die Stärke und die Zellulose. Sie sind als Zucker in Obst, Honig, Gelee, Marmelade enthalten. Die wichtigsten Stärketräger sind Getreideerzeugnisse, Kartoffeln, Reis, Brot, Haferflokken, Nährmittel. Mit der Nahrung zuviel zugeführte Kohlenhydrate, die der Körper nicht mehr als Brennstoff braucht, wandelt er in Fett um.

Zellulose oder Ballaststoffe

sind die für den Menschen unverdaulichen Bestandteile der Nahrung. Trotzdem muß die Nahrung sie enthalten, da sie unter anderem die Darmtätigkeit anregen. Sie sind vorwiegend in Obst, Gemüse, Salat und Hülsenfrüchten enthalten. Wird eine ballastarme

Nahrung längere Zeit gegessen, kommt es zu Darmträgheit und in deren Folgen zu Stuhlverstopfungen.

Mineralstoffe

werden eingeteilt in Mengenelemente, Wasser und Spurenelemente. Sie liefern zwar keine Energie, sind aber für den störungsfreien Ablauf aller Lebensvorgänge notwendig. Sie sind auch Baustoffe. Der Menge nach steht das *Wasser* an erster Stelle. Der Bedarf richtet sich nach den äußeren Lebensumständen. Unter Normalbedingungen sind etwa 1,5 bis 3 l täglich, in Form von Getränken und als Flüssigkeit in den Nahrungsmitteln erforderlich. Weitere Mengenelemente sind u. a. Calcium, Kalium und Natrium, das im Kochsalz enthalten ist. Spurenelemente, z. B. Jod, treten im Bedarf mengenmäßig weit zurück. Trotzdem ist eine Reihe von ihnen lebensnotwendig. Mengen- und Spurenelemente sind wasserlöslich. Bei der Vor- und Zubereitung der Speisen muß das berücksichtigt werden, um Verluste zu vermeiden.

Vitamine

sind Stoffe, die in kleinen Mengen große Wirkung entfalten. Man bezeichnet sie als Ergänzungs-, Schutz- und Reglerstoffe. Sie sind zur Erhaltung von Leben und Gesundheit unbedingt notwendig. Ungenügende Zufuhr jedes einzelnen von ihnen führt zu Mangelerscheinungen, daher müssen sie täglich mit der Nahrung zugeführt werden, um den Ablauf verschiedener Körperfunktionen sicherzustellen. Vitamine sind gegenüber äußeren Einflüssen sehr empfindlich. Sie können leicht verändert oder zerstört werden. Licht, Luft oder Wärme können schädlichen Einfluß haben. Daher ist sachgemäße Aufbewahrung sowie Vor- und Zubereitung der Lebensmittel wichtig. Man unterscheidet fett- und wasserlösliche Vitamine. Fettlöslich sind die Vitamine A, D, E und K. Sie sind in Fett, das Vitamin A in seiner Vorstufe Karotin auch in vielen Pflanzen enthalten. Wasserlösliche Vitamine sind Vitamin C und die B-Gruppe. Sie kommen in erster Linie in Früchten, Gemüse und anderen pflanzlichen Produkten, aber auch in einer Reihe tierischer Nahrungsmittel vor.

Kalorie

Kilokalorie (kcal) ist die Bezeichnung für eine Wärmemenge, die entsteht bei der Umwandlung der aufgenommenen Nährstoffe Eiweiß, Fett und Kohlenhydrate im Körper. 1 kcal ist die Wärmemenge, die nötig ist, um die Temperatur von 1 l Wasser von 14,5 auf 15,5° C zu erhöhen. 1 g Eiweiß liefert 4,1 kcal, 1 g Kohlenhydrate 4,1 kcal, 1 g Fett 9,3 kcal und 1 g Alkohol 7,0 kcal.

Der Kalorienbedarf ist abhängig von der Arbeitsleistung, von den Lebensbedingungen, von der Körperverfassung und -anlage. Angegebene Werte können immer nur Durchschnittswerte sein. Ein körperlich leicht arbeitender Mann braucht in 24 Stunden etwa 2500 bis 2700 kcal. Davon könnten dann 80 bis 90 g Fett auf die Fettkalorien entfallen. Eine Frau mit leichter körperlicher Tätigkeit braucht etwa 2200 bis 2500 kcal, die dann etwa 70–80 g Gesamtfett enthalten können.

Der Wert der Nahrung darf aber nie nur nach dem Kalorienwert bemessen werden. Es kommt nicht nur auf die Menge der Nahrung, sondern auf ihre Zusammensetzung an, das heißt sie muß alle Nähr- und Wirkstoffe in einem gut ausgewogenen Verhältnis zueinander enthalten, um vollwertig zu sein.

Januar

Der kürzeste Tag liegt hinter uns, das neue Jahr beginnt – mit einem Feiertag! Man schläft gern noch einmal lange und überdenkt die guten Vorsätze, die man gefaßt hat; manche werden schnell versinken, andere einigermaßen Bestand haben. Wenn dann am 2. Januar die Arbeit wieder beginnt, ist man fast froh über den Werktag nach den vielen Feiertagen. Er schmeckt wie ein Stück gutes Brot: kräftig und deftig, nach all den Leckerbissen.
Diese Leckerbissen, die uns die Festtage verschönten, sind bei manchem von uns nicht spurlos an der Linie vorübergegangen. Daher sollten wir die guten Vorsätze auch auf die Küche ausdehnen. Denken wir wohl daran, daß unsere Mahlzeiten nicht nur satt machen dürfen, sondern uns auch richtig ernähren müssen? Die Furcht, daß der Unterschied, der zwischen »nur satt werden« und »richtig ernähren« liegen könnte, die Freude am Essen beeinträchtigt, ist unbegründet. Nur etwas Nachdenken gehört dazu, um den Speisezettel mit vollwertigen Gerichten zusammenzustellen und dabei jede Mahlzeit trotzdem zu einem kleinen Fest zu machen. Eine vollwertige und dabei auf die Taille bedachte Ernährung bedeutet nicht das Ende unserer Tafelfreuden, im Gegenteil, sie ist untrennbar mit Wohlgeschmack verknüpft.
Alle Wintergemüse sind im Januar reichlich zu haben. Grünkohl und Rosenkohl schmecken jetzt besonders gut, weil der Frost die Blätter zart und den Geschmack lieblich gemacht hat. Schwarzwurzeln und Porree können auf vielerlei Art verwendet werden. Als Salat wird Winterendivien angeboten; der Kopfsalat aus Treibhäusern ist allerdings noch recht teuer. In den Wildhandlungen hängen Hasen und bieten, ebenso wie Wildschweinfleisch, manch köstlichen Genuß. Wer könnte da widerstehen? Beim Gang über den Wochenmarkt oder durch die Geschäfte wird noch vieles zu finden sein, was den Speisezettel bereichern kann. Geflügelfleisch, Eier und andere inländische, aber auch importierte Produkte, bringen Abwechslung in die Küche. Der Wochenspeiseplan für Januar ist auf günstige Angebote in dieser Zeit abgestimmt und hilft, die immer wiederkehrende Frage »Was soll ich kochen?« leichter zu beantworten.

	Erstes Frühstück	Zweites Frühstück
MONTAG	Kaffee · Milch verschiedenes Brot · Brötchen Butter/Margarine Quark · Marmelade	Tomatensaft · Butterbrot
DIENSTAG	Tee · verschiedenes Brot Toast · Butter/Margarine Schnittkäse (45 % Fett i. T.) Honig	Obstjoghurt
MITTWOCH	Porridge verschiedenes Brot Butter/Margarine	Obst
DONNERSTAG	Fruchtsaft · Kaffee · Milch verschiedenes Brot Butter/Margarine Wurst	Buttermilch · Zwieback
FREITAG	Müsli · Kaffee verschiedenes Brot Butter/Margarine	Knäckebrot · Tomate
SAMSTAG	Kaffee · Milch Brötchen · verschiedenes Brot Butter/Margarine Tomate · Ei	Joghurt
SONNTAG	Kaffee · Milch · Brot · Toast Butter/Margarine Aufschnitt · Gelee (Bild Seite 33)	entfällt wegen des späten Frühstücks · eventuell Apfel

Mittagessen	Nachmittag	Abendessen
Beefsteak m. geröst. Zwiebeln Sahnemöhren Salzkartoffeln mit Petersilie Buttermilchgelee *(Menü pro Person etwa 735 kcal und 26 g Fett)*	Toast · Butter · Gelee Getränk nach Wahl	Grapefruit-Körbchen Brot Butter/Margarine Aufschnitt
Minestrone Wildschüssel · Kartoffelklöße Preiselbeeräpfel *(etwa 820 kcal und 21 g Fett)*	Knäckebrot · Butter Getränk nach Wahl	Feiner Kartoffelsalat Mixpickles Brot · Butter/Margarine
Rinderschmorbraten Rosenkohl, bäuerlich Kartoffeln Obstsalat *(etwa 935 kcal und 40 g Fett)*	Vollkornbrot · Pflaumenmus Getränk nach Wahl	Apfel-Baiser-Auflauf Brot · Butter/Margarine kalter Braten
Bouillon Pikanter Porree, überbacken Kartoffeln Schokoladencreme *(etwa 765 kcal und 29 g Fett)*	Früchtebrot Getränk nach Wahl	Türkischer Salat Toast Butter/Margarine Aufschnitt
Buntes Eierfrikassee Risi-Bisi Weingelee *(etwa 790 kcal und 22 g Fett)*	Obst	Quark-Schinken-Auflauf Endiviensalat Brot Butter/Margarine
Rote-Bete-Frischkost Kartoffeltopf Kirschquark *(etwa 790 kcal und 28 g Fett)*	Kleingebäck Getränk nach Wahl	Wildschweinpastete mit Cumberlandsauce Brötchen · Brot Butter/Margarine
Gefülltes Hähnchen Salatplatte · Salzkartoffeln Orangensalat *(etwa 620 kcal und 16 g Fett)*	Apfelkuchen Getränk nach Wahl	Rindfleischsalat Toast · Brot Butter/Margarine Käse (45% Fett i. T.)

Beefsteak mit gerösteten Zwiebeln

300 g Rinderhackfleisch
100 g gekochte, geriebene Kartoffeln
Salz · Pfeffer · 1 Eßl. Tomatenketchup
100 g Zwiebeln · 35 g Öl

Aus dem Rinderhackfleisch, den Kartoffeln, 1/8 l Wasser, Salz, Pfeffer und dem Tomatenketchup eine Masse kneten. Daraus 4 flache Steaks formen. Die Zwiebeln schälen und in feine Ringe schneiden. Das Öl in einer Pfanne erhitzen, die Steaks darin schnell von beiden Seiten braten. Auf einer Platte warm stellen. Die Zwiebelringe dann in dem Öl bräunen und auf die Steaks verteilen.
Pro Person etwa 310 kcal und 23 g Fett.

Sahnemöhren

1 kg Möhren · 20 g Mehl
3 Eßl. Sahne oder Dosenmilch
Salz · 1 gestrichener Teel. Zucker
1 Eßl. gehackte Petersilie

Die Möhren putzen, kurz waschen und in kleine Würfel schneiden. Die Möhrenwürfel mit 1/2 Tasse Wasser in fest geschlossenem Topf dünsten. Dann das Mehl überstäuben, das Gemüse nochmals kurz dünsten und mit der Sahne oder der Dosenmilch auffüllen. Mit Salz und dem Zucker abschmecken, mit der Petersilie bestreuen und servieren.
Pro Person etwa 150 kcal und 3 g Fett.

Buttermilchgelee

1/2 l Buttermilch oder Sauermilch
1 Messerspitze Zimt · 50 g Zucker
1 Prise Salz
4 Blatt weiße Gelatine · 1 Blatt rote Gelatine

Die Buttermilch mit dem Zimt, dem Zucker und dem Salz abschmecken. Die Gelatine in reichlich kaltem Wasser 1/4 Stunde einweichen. Die Blätter aus dem Wasser nehmen, abtropfen lassen und in einem Topf im heißen Wasserbad auflösen. Die aufgelöste Gelatine unter Rühren zu der Buttermilch gießen. Die Flüssigkeit in eine Glasschale füllen und im Kühlschrank fest werden lassen.
Pro Person etwa 105 kcal und 1/2 g Fett.

Grapefruit-Körbchen

2 Grapefruits (etwa 400 g)
4 Mandarinen (etwa 200 g)
50 g Ingwer (Früchte in Sirup)
30 g Nüsse · 30 g Zucker

Die Grapefruits und die Mandarinen heiß waschen. Die Grapefruits halbieren und das Fruchtfleisch mit einem Grapefruitmesser herausschneiden. Die Mandarinen schälen und von der weißen Haut befreien. Alles Fruchtfleisch entkernen und in Stücke schneiden. Den Ingwer fein schneiden, die Nüsse grob hacken. Alle Zutaten mit dem Zucker in einer Schüssel vermengen und den Salat in die Grapefruit-Schalenhälften verteilen. Bis zum Anrichten 1/2 Stunde in den Kühlschrank stellen.
Pro Person etwa 170 kcal und 5 g Fett.

Minestrone

500 g Gemüse der Jahreszeit (Möhren, Sellerie, Porree)
20 g Margarine · 20 g Mehl · Salz
20 g geriebener Käse (45 % Fett i. T.)
1 Eßl. gehackte Petersilie

Das Gemüse waschen, putzen und in gleichmäßige kleine Stücke schneiden. Die Marga-

rine in einem Kochtopf erhitzen und das Gemüse darin andünsten. Dann das Mehl überstäuben. Mit $1^1/_4$ l kochendem Wasser auffüllen und das Gemüse gar kochen. Die Suppe mit Salz abschmecken, mit dem Käse und der Petersilie bestreuen und servieren.
Pro Person etwa 105 kcal und 5 g Fett.

Wildschüssel

$^1/_2$ Hase oder 500 g Wildschweinfleisch
1 Bund Suppengrün · 4 Wacholderbeeren
40 g durchwachsener Speck · 125 g Zwiebeln
20 g Margarine · 30 g Mehl · $^1/_4$ l Rotwein
150 g Pfifferlinge aus der Dose
10 g gekörnte Brühe · Salz · Pfeffer
1 Prise Knoblauchsalz · 1 Prise Zucker

Die Hasenhälfte in Portionen zerlegen oder das Wildschweinfleisch in Stücke schneiden, mit dem Suppengrün, den Wacholderbeeren und so viel kochendem Wasser aufsetzen, daß das Fleisch knapp bedeckt ist, und in etwa 1 bis $1^1/_2$ Stunden weich kochen. Danach das Fleisch herausnehmen und warm stellen.
Den Speck in feine Würfel und die Zwiebeln in dünne Ringe schneiden. Die Margarine in einem Topf erhitzen, die Speckwürfel und die Zwiebelringe darin dünsten, das Mehl dazugeben und durchschwitzen, bis alles eine braune Farbe hat. $^1/_4$ l Fleischbrühe durchseihen und die Mehlschwitze damit und mit dem Rotwein ablöschen. Die Pilze und das Fleisch zur Sauce geben, alles nochmals kurz aufkochen und mit der gekörnten Brühe und den Gewürzen kräftig abschmecken.
Anmerkung: Es ist zweckmäßig, einen ganzen Hasen zu kaufen und in diesem Gericht alle Teile außer dem Rücken zu verwenden.
Pro Person etwa 360 kcal und 13 g Fett.

Kartoffelklöße

600 g Kartoffeln · 70 g Stärkemehl
$^1/_2$ Teel. Salz · $^1/_4$ l Milch · 1 Brötchen
10 g Fett · etwas Mehl

Die Kartoffeln am Vortag kochen und schälen. Am nächsten Tag die Kartoffeln in eine Schüssel reiben. Das Stärkemehl und das Salz darüberstreuen. Die Milch aufkochen, über die Kartoffelmasse gießen und alles gut durchkneten. Das Brötchen in kleine Würfel schneiden. Das Fett in der Pfanne erhitzen und die Brotwürfel darin rösten. Aus dem Kartoffelteig Klöße formen und in die Mitte die Brotwürfel einrollen. Die Klöße in Mehl wenden und in einen Topf mit kochendem Salzwasser geben. Wenn die Klöße hochkommen, noch etwa 10 Minuten im offenen Topf ziehen lassen. Mit einer Schaumkelle herausnehmen, gut abtropfen lassen und anrichten.
Anmerkung: Die Klöße kann man auch aus fertigem Klößepulver herstellen.
Pro Person etwa 230 kcal und 4 g Fett.

Preiselbeeräpfel

4 große Äpfel, am besten Boskop (500 g)
$^1/_4$ l weißer Kochwein · 1 Teel. Zitronensaft
100 g Preiselbeerkompott

Die Äpfel schälen und das Kerngehäuse vorsichtig herausstechen, die Äpfel sollen nicht zerfallen. Den Wein in einem flachen Topf zum Kochen bringen, den Zitronensaft dazugeben, die Äpfel in die kochende Flüssigkeit setzen und gar dünsten. Die gedünsteten Äpfel herausnehmen und auf einer vorgewärmten Platte anrichten. Das Preiselbeerkompott glattrühren und in die Äpfel füllen.
Pro Person etwa 125 kcal und kein Fett.

Feiner Kartoffelsalat

500 g Kartoffeln · 100 g Sellerie · 150 g Äpfel
Salz · 100 g magerer gekochter Schinken
100 g Ananas · 1 Eigelb · 1–2 Teel. Senf
1 Eßl. Essig · 1 Teel. geriebener Meerrettich
20 g Öl
1 Becher Joghurt
1 gestrichener Teel. Zucker
2 Eßl. gehackte Petersilie

Die Kartoffeln waschen, in der Schale kochen, heiß abschälen, abkühlen lassen und dann in feine Scheiben schneiden. Den Sellerie und die Äpfel schälen und in Salzwasser legen, damit sie nicht braun werden. Den Schinken und die Ananas in Streifen schneiden.
Für die Salatsauce das Eigelb mit dem Senf dem Essig und dem Meerrettich verrühren, langsam das Öl hinzugeben. Diese Mayonnaise mit dem Joghurt verrühren und mit Salz und Zucker sehr pikant abschmecken. Die Äpfel und den Sellerie in die Sauce raspeln und schnell unterziehen. Die Kartoffelscheiben, die Schinken- und Ananasstreifen leicht unterheben, damit die Kartoffelscheiben nicht sehr zerfallen. Nach dem Mischen nochmals abschmecken und den Salat etwa 1 Stunde durchziehen lassen. Mit der Petersilie bestreuen und anrichten.
Pro Person etwa 315 kcal und 13 g Fett.

Porridge

1/2 Teel. Salz · 160 g Vollkornhaferflocken
300 g geschälte Orangen · 1/2 l Milch
4 knappe Eßl. Zucker

In einen Kochtopf 1 1/2 l Wasser und das Salz geben, die Haferflocken einschütten und aufkochen. Die Masse 2 Minuten schwach weiterkochen lassen. Die Orangen schälen und in Stücke schneiden. Den sehr heißen Haferbrei in tiefe Teller füllen. Die Orangenstücke darauf verteilen. Die kalte Milch gleichmäßig darübergießen und je Teller 1 knappen Eßlöffel Zucker darüberstreuen.
Pro Person etwa 350 kcal und 6 g Fett.

Rinderschmorbraten

750 g Rindfleisch (Hüftdeckel oder Hüfte)
1 Eßl. Senf · 30 g Öl
150 g Zwiebeln
1/2 Knoblauchzehe
1 Eßl. Tomatenmark
1 gestrichener Teel. Paprikapulver
1 Teel. gekörnte Brühe
etwa 2 Eßl. Mehl · Salz

Das Rindfleisch waschen, abtrocknen und mit dem Senf einreiben. Das Öl in einem Schmortopf erhitzen und den Rinderbraten von allen Seiten darin braun anbraten. Die Zwiebeln schälen und in Ringe schneiden. Wenn der Braten braun ist, die Zwiebelringe hinzufügen und goldbraun braten. Dann die halbe Knoblauchzehe, das Tomatenmark und das Paprikapulver dazugeben. Mit 1/8–3/8 l Wasser auffüllen und den Braten im zugedeckten Topf in etwa 2 Stunden weich schmoren. Die gekörnte Brühe in wenig heißem Wasser auflösen, etwas abkühlen lassen und das Mehl damit verquirlen. Die Sauce mit der Mischung binden, aufkochen lassen und mit Salz abschmecken. Zum Anrichten die Bratensauce durch ein Sieb gießen.
Anmerkung: Falls ein Teil des Bratens noch für Aufschnitt verwendet werden soll, muß die Fleischmenge auf 1 kg erhöht werden.
Pro Person etwa 435 kcal und 28 g Fett.

Rosenkohl, bäuerlich

750 g Rosenkohl · 15 g Margarine
1/8 l kräftige Brühe oder 1/8 l Wasser und
1/2 Teel. gekörnte Brühe
50 g durchwachsener Speck · 50 g Zwiebel
20 g Paniermehl

Den Rosenkohl waschen, putzen, die Strünke knapp kreuzförmig einschneiden. Das Fett erhitzen, den Kohl darin andünsten, die Brühe zugießen und das Gemüse im fest verschlossenen Topf garen. Den Speck und die Zwiebel in kleine Würfel schneiden. Die Speckwürfel in einer Pfanne auslassen, die Zwiebelwürfel darin bräunen und zuletzt das Paniermehl mit heiß werden lassen. Diese Masse beim Anrichten über den Rosenkohl verteilen.
Pro Person etwa 220 kcal und 12 g Fett.

Obstsalat

1 Tasse Wasser oder Ananassaft
30 g Zucker (bei Ananassaft nur 20 g)
Saft von 1 Zitrone
2–3 Äpfel (200 g) · 1–2 Orangen (200 g)
1 Banane (100 g)
100 g Ananasstücke aus der Dose

Das Wasser oder den Ananassaft mit dem Zucker und dem Zitronensaft verrühren. Die Früchte schälen. Das Kerngehäuse aus den Äpfeln entfernen und die Äpfel in Scheiben schneiden. Die Scheiben gleich mit der Marinade vermischen, damit sie nicht braun werden. Die weiße Haut der Orangen abziehen, die Früchte ebenfalls in Scheiben schneiden und zu den Äpfeln geben. Die Banane in Scheiben schneiden und die Scheiben vorsichtig unter den Obstsalat heben, damit sie nicht zerfallen. Die Ananasstücke darunterheben und den Salat 1 Stunde zum Durchziehen in den Kühlschrank stellen.
Pro Person etwa 115 kcal und kein Fett.

Apfel-Baiser-Auflauf

1 kg geschälte Äpfel · 100 g Zucker
1/10 l Wein
1 Stück Zitronenschale (chemisch nicht behandelt)
4 Eiklar · 180 g Puderzucker · 60 g Mandeln
etwas Fett für die Form

Die Äpfel von Kerngehäusen befreien und in Spalten schneiden. Den Zucker, den Wein und die Zitronenschale in einen Topf geben und die Apfelspalten darin dünsten. Die Eiklar sehr steif schlagen, nach und nach den Puderzucker beigeben und weiter schlagen, bis die Masse dickcremig ist. Dann die Mandeln reiben und unterheben. Eine Auflaufform leicht einfetten und die Äpfel hineinfüllen, die Schaummasse auf die Äpfel streichen und den Auflauf im vorgeheizten Ofen bei schwacher Hitze etwa 20 Minuten backen. Sofort servieren, da der Auflauf leicht zusammenfällt.
Pro Person etwa 530 kcal und 8 g Fett.

Pikanter Porree, überbacken

4 dicke Stangen Porree (1 kg)
4 Scheiben magerer gekochter Schinken (je 50 g)
30 g Margarine · 30 g Mehl · 1/4 l Milch
Salz · Pfeffer · 1 Prise Zucker
1 Prise geriebene Muskatnuß
1 Teel. gekörnte Brühe · 1 Ei
40 g geriebener Käse

Das Grüne von den Porreestangen so weit abschneiden, daß die weißen Stücke die Länge der Schinkenscheiben haben. Den Porree gründlich waschen. Die Stangen in kochendem Wasser garkochen und danach zum Abtropfen auf ein Sieb legen. Das Kochwasser aufbewahren. Dann je eine Porreestange in eine Scheibe Schinken wickeln. Eine Auflaufform leicht einfetten und die Rollen hineinlegen.
Dann die Margarine in einem Topf zerlassen, das Mehl hinzugeben und unter Rühren durchschwitzen. 1/4 l Kochwasser und die Milch langsam dazugießen, mit den Gewürzen und der gekörnten Brühe abschmecken und alles etwa 10 Minuten kochen. Das Ei trennen; das Eigelb mit 2 Eßlöffeln Kochwasser verquirlen und in die nicht mehr kochende Sauce rühren.
Den Backofen vorheizen. Das Eiklar zu steifem Schnee schlagen und leicht unter die Sauce heben. Diese über die Porreerollen gießen, das Ganze mit dem geriebenen Käse bestreuen und im vorgeheizten Ofen bei Mittelhitze etwa 20 Minuten backen.
Pro Person etwa 390 kcal und 22 g Fett.

Schokoladencreme

1 Päckchen Schokoladenpuddingpulver (Kalt-Dessert ohne Kochen)
1/2 l Milch
1 Becher Joghurt

Aus dem Schokoladenpuddingpulver und der Milch nach Anweisung einen Flammeri bereiten. Wenn die Masse fest ist, den Joghurt unterschlagen, die Creme in eine Glasschüssel füllen und 1/2 Stunde kalt stellen.
Pro Person etwa 205 kcal und 6 g Fett.

Türkischer Salat

1 Kopf Salat · 4 Scheiben Ananas (250 g)
4 halbe Walnüsse · 4 kleine Tomaten (200 g)
2 Bananen (200 g) · 1/8 l Sahne · Zitronensaft
1 Prise Salz · 1 Prise Zucker
1 Eßl. gehackte Petersilie

Den Kopfsalat zerteilen und die Blätter waschen. Für jede Person einen Dessertteller mit Salatblättern belegen. In die Mitte je eine Scheibe Ananas legen, deren Mittelöffnung mit einer halben Walnuß zugedeckt wird. Die Tomaten vierteln, die Bananen schälen und halbieren. Tomatenviertel und Bananenhälften um die Ananasscheiben garnieren. Die Sahne mit dem Zitronensaft und den Gewürzen pikant abschmecken und über die Gemüse- und Fruchtstücke gießen. Den Salat mit der Petersilie bestreuen. Sofort servieren.
Pro Person etwa 140 kcal und 6 g Fett.

Müsli

200 g Vollkornhaferflocken
Saft von 1 Zitrone · 4 gestrichene Eßl. Zucker
300 g Äpfel · 30 g Nüsse

Die Haferflocken mit 1 bis 1 1/2 Tassen Wasser übergießen, dazu den Zitronensaft und 3 Eßlöffel Zucker geben. Die Äpfel waschen und, wenn die Schale sehr hart ist, schälen. Dann auf der Rohkostreibe in die Haferflokken reiben und schon während des Reibens unterrühren, damit die Apfelraspel nicht braun werden.
Die Nüsse fein hacken. Dann den restlichen Zucker in einer Pfanne zerlassen, die gehackten Nüsse dazugeben und beides miteinander rösten. Nußstreusel über das Müsli streuen und anrichten.

Anmerkung: Die Nußstreusel können auf Vorrat zubereitet werden; sie halten sich in einem verschlossenen Glas.
Pro Person etwa 350 kcal und 8 g Fett.

Buntes Eierfrikassee

6 Eier · 30 g Margarine · 30 g Mehl
$^3/_8$ l Brühe oder $^3/_8$ l Wasser und 1 Teel. gekörnte Brühe
$^1/_8$ l Milch
150 g rote Paprikaschoten · Salz
Zitronensaft nach Geschmack · 1 Prise Zucker
1 Eßl. gehackter Dill oder Kresse oder Schnittlauch

Die Eier hart kochen, schälen und in Viertel schneiden. Die Margarine in einem Topf erhitzen und das Mehl darunterrühren. Die Brühe und die Milch vermischen und die Mehlschwitze unter Rühren mit der Flüssigkeit ablöschen und etwa 10 Minuten kochen lassen. Die Paprikaschoten in Streifen schneiden. Die Sauce mit den Gewürzen und den Paprikastreifen abschmecken. Zuletzt die Kräuter einrühren. Die Eiviertel in eine flache Schüssel legen und mit der sehr heißen Sauce übergießen.
Anmerkung: Bei Verwendung von eingelegten Paprikaschoten die Flüssigkeit mit für die Sauce verwenden.
Pro Person etwa 245 kcal und 16 g Fett.

Risi-Bisi

250 g Reis · 50 g Zwiebel · 20 g Öl
knapp $^3/_4$ l Fleischbrühe aus 10 g gekörnter Brühe
Salz · 300 g Erbsen aus der Tiefkühltruhe
1 Eßl. gehackte Petersilie

Den Reis waschen und gut abtropfen lassen. Die Zwiebel schälen und in feine Würfel schneiden. Das Öl in einem Topf erhitzen und die Zwiebelwürfel darin hellgelb rösten. Den Reis dazugeben und unter Rühren glasig werden lassen. Die Brühe mit Salz kräftig abschmecken, zum Kochen bringen und den Reis damit auffüllen. Den Topf zudecken und den Reis bei schwacher Hitze in 20 bis 25 Minuten gar quellen lassen.
Die Erbsen nach Vorschrift garen und unter den fertigen Reis mischen. Das Risi-Bisi mit der Petersilie bestreuen und servieren.
Pro Person etwa 310 kcal und 6 g Fett.

Weingelee

3 Blatt rote Gelatine
3 Blatt weiße Gelatine
100 g Zucker
Saft von 1 Zitrone
$^1/_2$ Flasche Apfelwein
100 g Speisequark, mager
1 Päckchen Vanillinzucker

Die Gelatine in reichlich kaltem Wasser $^1/_4$ Stunde einweichen. $^1/_8$ l Wasser mit 100 g Zucker und dem Zitronensaft zum Kochen bringen und dann von der Kochstelle nehmen. Die Gelatine aus dem Wasser nehmen und in der heißen Flüssigkeit auflösen. Dann den Wein zugießen. Die Mischung in eine Glasschüssel füllen und zu Gelee erstarren lassen. Den Quark mit dem restlichen Zucker und dem Vanillinzucker glattrühren, in einen Spritzbeutel füllen und das Weingelee damit garnieren.
Anmerkung: Statt Blattgelatine kann auch gemahlene Gelatine verwendet werden.
Pro Person etwa 235 kcal und kein Fett

Quark-Schinken-Auflauf

100 g Zwiebeln · 30 g Margarine · 50 g Mehl
1/8 l Milch
3/8 l Brühe oder 1 Teel. gekörnte Brühe und 3/8 l Wasser
120 g gekochter Schinken · 2 Eier
250 g Speisequark, mager
2 Eßl. gehackte Kräuter · Salz · Pfeffer
etwas Fett für die Form

Die Zwiebeln schälen und in Würfel schneiden. Die Margarine in einem Topf zerlassen, die Zwiebelwürfel darin glasig dünsten und dann das Mehl zufügen und gelb schwitzen lassen. Die Mehlschwitze mit der Milch und der Brühe auffüllen. Die Masse unter Rühren etwa 10 Minuten leicht kochen lassen.
Den Schinken in Streifen schneiden. Die Eier trennen. Die Mehlmasse von der Kochstelle nehmen und etwas abkühlen lassen. Die Eigelbe nach und nach unterrühren, dann den Schinken, den Quark und die Kräuter zufügen. Mit Salz und Pfeffer abschmecken. Die Eiklar zu steifem Schnee schlagen und unter die Masse heben. Eine feuerfeste Form mit wenig Fett ausstreichen, den Auflauf einfüllen und bei Mittelhitze in etwa 50 Minuten im Ofen goldgelb backen.
Pro Person etwa 305 kcal und 17 g Fett.

Rote-Bete-Frischkost

200 g rote Beten · 200 g Äpfel
Saft von 1/2 Zitrone · Saft von 1 Orange
2 Teel. geriebener Meerrettich
1 knapper Eßl. Zucker
2 Eßl. Sahne oder Dosenmilch

Die roten Beten und die Äpfel schälen und auf einer Rohkostreibe oder in der Küchenmaschine fein raspeln. Die Masse mit dem Zitronen- und dem Orangensaft, dem Meerrettich und dem Zucker vermischen. Zuletzt die Sahne unterziehen.
Pro Person etwa 75 kcal und 1 g Fett.

Kartoffeltopf

1250 g rohe, geschälte Kartoffeln
30 g Schmalz · 80 g durchwachsener Speck
100 g Zwiebeln · 2 Eier · 1/4 l Milch
75 g geriebener Käse · Salz · Pfeffer
edelsüßes Paprikapulver

Die Kartoffeln in dicke Scheiben schneiden. Das Schmalz in einem flachen Topf erhitzen. Den Speck und die Zwiebeln in Würfel schneiden und in dem Schmalz glasig werden lassen. Die Kartoffelscheiben dazugeben und unter häufigem Wenden anbraten und garen. Die Eier mit der Milch und dem geriebenen Käse verquirlen, mit den Gewürzen pikant abschmecken und die Masse über die Kartoffeln gießen. Bei milder Hitze zusammenbacken und bräunen lassen. Stürzen und anrichten.
Pro Person etwa 590 kcal und 25 g Fett.

Kirschquark

250 g Speisequark, mager · 1/8 l Milch
200 g Kirschen, oder Kompott
30 g Zucker

Den Quark mit der Milch sahnig rühren. Die Kirschen darunter mischen und das Dessert mit dem Zucker abschmecken.
Anmerkung: Wenn Kompott verwendet wird, das sehr viel Saft hat, zunächst etwas weniger Milch nehmen. Das Dessert soll aber recht cremig sein.
Pro Person etwa 130 kcal und 2 g Fett.

Wildschweinpastete (für 6 Personen)

500 g Wildschweinfleisch
3 Brötchen · 1/8 l Milch
150 g fetter Speck · 100 g Zwiebeln · Salz
gemahlener Ingwer · edelsüßes Paprikapulver
Majoran · etwas Fett für die Form

Das Fleisch enthäuten. Die Brötchen in der Milch einweichen und dann ausdrücken. Das Fleisch und den Speck klein schneiden. Die Zwiebeln schälen und würfeln. Alle Zutaten zweimal durch einen Fleischwolf drehen. Die Masse mit den Gewürzen pikant abschmekken. Eine längliche feuerfeste Form leicht einfetten, den Pastetenteig fest hineindrücken und bei Mittelhitze 30 bis 40 Minuten bakken. Kalt stürzen und in Scheiben schneiden.
Pro Person etwa 410 kcal und 26 g Fett.

Cumberlandsauce (auch fertig zu kaufen)

100 g Johannisbeergelee · 1 Eßl. Rotwein
2 Teel. scharfer Senf
Saft und abgeriebene Schale von 1 Orange (chemisch nicht behandelt)
3 Tropfen Tabascosauce · Salz · Zucker

Das Gelee glattrühren und die übrigen Zutaten hinzugeben. Alles gut vermischen!
Pro Person etwa 90 kcal und kein Fett.

Gefülltes Hähnchen (für 5 Personen)

1 Hähnchen (etwa 1 kg)
Salz · Majoran · 50 g Zwiebel
100 g Geflügelleber aus der Tiefkühltruhe
1 Ei · 100 g Champignons aus der Dose
1 Eßl. Tomatenketchup
1 Tasse körnig gekochter Reis (40 g roh)
Pfeffer · 30 g Öl · 1 Teel. Stärkemehl

Das Hähnchen waschen, innen und außen mit Salz und Majoran einreiben. Die Zwiebel schälen und fein würfeln. Die Leber fein hacken und mit dem Ei, den Zwiebelwürfeln, den Champignons und dem Tomatenketchup vermischen. Die Masse unter den Reis geben und mit Gewürzen pikant abschmecken. Das Hähnchen mit der Mischung füllen und die Öffnung mit einem Faden zunähen. Das Öl in einem Bratentopf erhitzen und das Hähnchen hineinlegen. Im Backofen bei 200° C etwa 40 Minuten braten. Beim Braten 4- bis 6mal mit wenig heißem Wasser begießen.
Das Stärkemehl mit 2 Eßlöffeln Wasser glattrühren und zum Schluß die Bratensauce damit binden. Etwa 2 Minuten kochen lassen und abschmecken.
Pro Person etwa 325 kcal und 13 g Fett.

Salatplatte

1 großer Kopf Salat (100 g) · 250 g Tomaten
1 Knolle Sellerie (250 g) · 50 g Zwiebel
1 Eßl. Öl · 2 Eßl. Essig · Salz · Pfeffer
1 Prise Zucker · 2 Eßl. gehackte Kräuter

Den Kopfsalat putzen und schnell waschen. Die Tomaten in dünne Scheiben schneiden. Den Sellerie waschen, schälen, in Scheiben schneiden, in 1/2 Tasse Wasser gar dünsten und abkühlen lassen. Das Kochwasser aufbewahren. Die Zwiebel schälen und fein würfeln. Aus dem Öl, dem Essig, den Zwiebelwürfeln, Salz, Pfeffer und dem Zucker mit 2 Eßlöffeln Selleriewasser eine Salatsauce bereiten. Die Salatblätter, die Tomaten- und die Selleriescheiben auf einer Platte gefällig anrichten und mit der Salatsauce begießen. Mit den Kräutern bestreuen und anrichten.
Pro Person etwa 65 kcal und 3 g Fett.

Orangensalat

500 g geschälte Orangen · 50 g Zucker
Saft von 1/2 Zitrone
15 g Johannisbeergelee

Die geschälten Orangen sehr gut von der weißen Haut befreien, in Scheiben schneiden und auf 4 Teller verteilen. Den Zucker und den Zitronensaft in 1/2 Tasse Wasser auflösen und gleichmäßig über die Orangenscheiben gießen. Mit je einem Tupfen Johannisbeergelee garnieren.
Pro Person etwa 60 kcal und kein Fett.

Apfelkuchen (ergibt 8 Portionen)

80 g Butter oder Margarine · 175 g Zucker
3 Eier · 1 Päckchen Vanillinzucker
180 g Mehl · 1 gestrichener Eßl. Backpulver
etwas Fett für die Form
500 g geschälte Äpfel

Die Butter oder Margarine mit dem Zucker schaumig rühren, die Eier hinzugeben und die Masse rühren, bis sie wieder schaumig ist. Den Vanillinzucker zufügen. Das Mehl mit dem Backpulver in die Masse sieben und darunterrühren. Eine Springform leicht einfetten und den Teig hineinfüllen. Den Backofen vorheizen.
Die Äpfel halbieren, das Kerngehäuse entfernen, auf der Wölbung außen einige Einschnitte machen und dann die Apfelhälften mit der Wölbung nach oben auf dem Teig verteilen. Den Kuchen bei mäßiger Hitze etwa 50 Minuten backen. Aus dem Ofen nehmen, die Seiten mit einem Messer vorsichtig lösen, den Springform-Rand entfernen und den Kuchen auf einem Rost erkalten lassen.
Pro Portion etwa 312 kcal und 17 g Fett.

Rindfleischsalat

3 hartgekochte Eier · 100 g Zwiebeln
300 g mageres gekochtes Rindfleisch
150 g Gewürzgurke · 150 g Tomaten
150 g säuerliche Äpfel
knapp 1/4 l Rindfleischbrühe
1 Eßl. Öl · Essig · Salz · Pfeffer
Senf · Zucker nach Geschmack
1 Eßl. gehackte Petersilie

Die Eier und die Zwiebeln schälen. Das Fleisch, die Eier, die Zwiebeln, die Gurke, die Tomaten und die Äpfel in gleichmäßige Streifen schneiden und diese in einer Schüssel miteinander vermengen. Die Rindfleischbrühe mit dem Öl verrühren und mit Gewürzen pikant abschmecken. Die Sauce über den Salat gießen und gut durchziehen lassen. Vor dem Anrichten den Salat nochmals abschmecken und mit der Petersilie bestreuen.
Pro Person etwa 245 kcal und 14 g Fett.

Februar

»Fängt der Tag erst an zu langen, kommt die Kälte angegangen«, sagt eine alte Bauernregel. Der Winter ist also noch nicht vorbei, und für viele kommt der Wintersport nun zu seinem Recht. Bewegung und Kälte machen Hunger, aber macht man sich wohl auch Gedanken über eine geeignete Ernährung? Man sollte es tun, denn eine vollwertige und zweckmäßige Kost ist – nicht nur beim Sport – die Voraussetzung für Gesundheit, Leistungsfähigkeit und für eine gute Figur.
Wir brauchen im Winter andere Kleidung und andere Nahrung als im Sommer.
Das Frühstück, die erste Hauptmahlzeit des Tages, wird leider bei allzu vielen ganz nebenbei erledigt oder sogar ganz übersprungen. Der Körper braucht aber morgens eine solide Grundlage. Der Magen darf jedoch nie überladen werden, besonders bei überwiegend sitzender und geistiger Tätigkeit. Das Frühstück sollte schon etwa 30 Prozent der Tageskalorienmenge enthalten, in 1. und 2. Frühstück aufgeteilt oder in einer Mahlzeit.
Die gute Laune kommt beim guten Frühstück! Man sollte es in aller Ruhe genießen, ohne dabei schon an die Pflichten des Tages zu denken. Wem das Frühaufstehen schwer fällt, der sollte sich trotzdem überwinden. Der Schaffenskraft und -freude zuliebe lohnt es sich. Auch das Frühstück vor der Schule ist wichtig. Der geringe Appetit sensibler Kinder muß durch Abwechslung und leichte, aber gehaltvolle Speisen angeregt werden. Spätaufsteher können am Wochenende oder im Urlaub auch hin und wieder das Frühstück und das Mittagessen zusammenlegen. Damit spart zugleich die Hausfrau Zeit und Mühe. In jedem Fall soll ein Frühstück alle notwendigen Nährstoffe in der benötigten Menge enthalten, vor allem Eiweiß, Vitamine und Mineralstoffe.
Was wird für den »Magenfahrplan« des Monats angeboten? Rote Bete, Möhren, Weiß- und Rotkohl und, nicht zu vergessen, das Sauerkraut ergeben schmackhafte Gemüsegerichte und Frischkost-Salate. Die Zitrusfrüchte lachen uns mit ihren leuchtenden Farben an. Seefische, jetzt frisch vom Fang, aber selbstverständlich auch tiefgefroren, werden, vor allem zur Fastenzeit, einen breiten Raum im Speisezettel einnehmen. Und welch köstlich Ding ist doch der Hering, besonders zum Mitternachtsimbiß oder Katerfrühstück.

	Mittagessen	Abendessen
MONTAG	Tomatensaft Zwiebelfleisch · Senfgurke Salzkartoffeln mit Petersilie *(Menü pro Person etwa 735 kcal und 36 g Fett)*	Quarkklöße Brot Butter/Margarine Aufschnitt
DIENSTAG	Kotelett, bürgerlich Rotkohl-Frischkost Salzkartoffeln Joghurt-Köpfchen *(etwa 885 kcal und 33 g Fett)*	Bunter Heringssalat Toast Butter/Margarine Obst
MITTWOCH	Pikante Nieren Kartoffel-Krusteln Vanillecreme · Saft *(etwa 790 kcal und 31 g Fett)*	Gefüllte Blätterteigpastete Früchtecocktail
DONNERSTAG	Gefüllter Schweinebauch Reis Quarkcreme *(etwa 930 kcal und 36 g Fett)*	Muschelsalat Knäckebrot Butter/Margarine Orange
FREITAG	Mokka-Schokoladen-Milch Seelachsfilet roter Zauber Kartoffeln mit Petersilie Ananaskompott *(etwa 785 kcal und 20 g Fett)*	Birnenschlemmerei Brot Butter/Margarine Käseplatte
SAMSTAG	Gärtnerinsuppe Budapester Sauerkraut Bratäpfel in Folie *(etwa 675 kcal und 20 g Fett)*	Orangen-Auflauf Brot Butter/Margarine Aufschnittplatte
SONNTAG	Gebund. Ochsenschwanzsuppe Kalbshaxe auf Gemüsebett Pariser Kartoffeln Apfelsalat mit Datteln *(etwa 755 kcal und 19 g Fett)*	Flämischer Nudelsalat Brot Butter/Margarine kalter Braten · Tomate

Zwiebelfleisch

1 Bund Suppengrün
1 Lorbeerblatt · 2 Nelken
500 g Schweinefleisch
750 g Zwiebeln
30 g Schmalz · 40 g Paniermehl
Salz · Pfeffer
2 Eßl. gehackte Petersilie

$^3/_4$ l Wasser mit dem Suppengrün, dem Lorbeerblatt und den Nelken zum Kochen bringen. Das Schweinefleisch hineinlegen und gar kochen. Dann das Fleisch herausnehmen und die Brühe durch ein Sieb gießen. Die Zwiebeln schälen und in dicke Scheiben schneiden. Das Schmalz in einem Topf erhitzen, die Zwiebelscheiben darin andünsten, das Paniermehl darüberstreuen, alles unter Rühren mit der Brühe auffüllen und fest zugedeckt weich dünsten. Das Zwiebelgemüse mit Salz und Pfeffer abschmecken und in eine Schüssel geben. Das Fleisch in Scheiben schneiden, auf dem Gemüse anordnen und mit der Petersilie bestreuen.
Pro Person etwa 525 kcal und 34 g Fett.

Quarkklöße

400 g Speisequark, mager
100 g Mehl · 40 g geriebene Nüsse
1 Ei · 1 Eigelb
1 Prise Salz · 40 g Butter
40 g Zucker · Zimt

Alle Zutaten von Quark bis Salz zu einem geschmeidigen Teig verarbeiten. Mit einem Eßlöffel Portionen abstechen, diese in Mehl wälzen und Klöße daraus formen. Die Klöße in schwach kochendes Salzwasser einlegen und leicht ziehen lassen, bis sie an die Oberfläche steigen. Eine Platte vorwärmen. Die Klöße mit einem Schaumlöffel aus dem Wasser nehmen, gut abtropfen lassen und auf der Platte anrichten. Die Butter bräunen, die Klößchen damit übergießen. Den Zucker mit Zimt mischen und den Zimtzucker darüberstreuen.
Anmerkung: Das Gericht kann dadurch verfeinert werden, daß noch 20 g geriebene Nüsse mit dem Zimtzucker vermischt werden.
Pro Person etwa 430 kcal und 20 g Fett.
Mit Nüssen zusätzlich 138 kcal und 12 g Fett.

Kotelett, bürgerlich

4 Scheiben dicke, mittelfette Schweinerippe (400 g)
Salz · Senf · 1 Tasse Wasser oder Brühe
100 g Porree · 100 g Äpfel
20 g Mehl · 50 g Joghurt
$^1/_2$ Glas Wein
1 Prise Zucker

Die Koteletts salzen und von beiden Seiten mit Senf bestreichen. In einer Pfanne $^1/_2$ Tasse Wasser oder Brühe erhitzen, die Koteletts hineinlegen und nach Verdampfen des Wassers im eigenen Fett von beiden Seiten scharf anbraten. Den Porree und die Äpfel sehr klein schneiden und mit in die Pfanne geben. Alles zusammen braten, bis die Zutaten gar sind.
Dann das Fleisch herausnehmen und warm stellen. In die Pfanne noch $^1/_2$ Tasse heißes Wasser oder Brühe gießen und mit dem Bratensatz durchkochen. Das Mehl mit dem Joghurt glattrühren und die Sauce damit binden. Dann mit dem Wein, Salz, 1 Teelöffel Senf und dem Zucker abschmecken. Die Sauce über die Koteletts gießen.
Pro Person etwa 345 kcal und 25 g Fett.

Rotkohl-Frischkost

50 g Sahne · 100 g Joghurt · 10 g Zucker
Saft von 1/2 Zitrone · 150 g Äpfel
300 g Rotkohl · 100 g Preiselbeerkompott

Die Sahne mit dem Joghurt, dem Zucker und dem Zitronensaft verrühren. Die Äpfel schälen, von Kerngehäusen befreien, in sehr feine Streifen schneiden und gleich mit der Sauce vermischen. Den Rotkohl sehr fein hacken. Den Rotkohl und die Preiselbeeren mit der Salatsauce vermengen. Die Mischung etwa 1 Stunde zugedeckt durchziehen lassen und dann nochmals abschmecken.
Pro Person etwa 123 kcal und 5 g Fett.

Joghurt-Köpfchen

5 Blatt weiße Gelatine · 2 Eiklar
100 g Zucker · 1 Vanillinzucker
2 Becher Joghurt
200 g Mandarinen aus der Dose, ohne Saft

Die Gelatine 1/4 Stunde in kaltem Wasser einweichen, ausdrücken und im Wasserbad auflösen. Die Eiklar zu steifem Schnee schlagen und während des Schlagens den Zucker und den Vanillinzucker einstreuen. Den Joghurt glattrühren, die aufgelöste Gelatine unter Rühren dazugießen. Die Hälfte der Mandarinen klein schneiden und zur Joghurt-Gelatine geben. Wenn die Masse anfängt steif zu werden, den Eischnee unterziehen und die Creme in vier kalt ausgespülte Tassen verteilen. Die Creme im Kühlschrank fest werden lassen. Dann auf Teller stürzen – zum Stürzen die Tassen kurz in heißes Wasser stellen – und mit den restlichen Mandarinenschnitzen garnieren.
Pro Person etwa 260 kcal und 3 g Fett.

Bunter Heringssalat

400 g Matjesheringe · 100 g Möhren
150 g Äpfel · 100 g Zwiebeln
100 g Gewürzgurke · 1 Becher Joghurt
1 Eßl. Tomatenketchup
1 Eßl. geriebener Meerrettich
Saft von 1/2 Zitrone · 1 Eßl. Senf
Salz · Pfeffer · 10 g Zucker
1 Eßl. gehackte Petersilie

Die Heringe etwa 4 Stunden wässern, dann in 2 cm breite Stücke schneiden. Die Möhren putzen und unzerschnitten in Wasser kochen. Die Äpfel schälen, vierteln und das Kerngehäuse entfernen. Die Zwiebeln schälen. Die Möhren, die Äpfel, die Gewürzgurke in feine Scheiben und die Zwiebeln in dünne Ringe schneiden. Den Joghurt in eine Schüssel gießen, die restlichen Zutaten bis auf die Petersilie in der angegebenen Reihenfolge unter ständigem Rühren hinzufügen und die Sauce pikant abschmecken. Die Salatzutaten unter die Sauce heben, nochmals abschmecken und etwa 1 Stunde kühl stellen. Zuletzt den Salat mit der Petersilie bestreuen.
Pro Person etwa 250 kcal und 14 g Fett.

Pikante Nieren

500 g Kalbs- oder Schweinenieren
150 g Zwiebeln
150 g Paprikaschoten, eingelegt oder frisch
30 g Margarine · 250 g Äpfel · 30 g Mehl
1 Glas Weißwein
Salz · Zucker nach Geschmack
1 Teel. gekörnte Brühe

Die Nieren halbieren, wässern, die dicken Röhren entfernen und die Nieren in Scheiben schneiden. Die Zwiebeln schälen und

ebenfalls in Scheiben schneiden. Die Paprikaschoten aus dem Glas in Streifen schneiden. Bei frischen Paprikaschoten Blütenstiel und Kerne entfernen und die Schoten dann in Streifen schneiden. Die Margarine in einem Topf erhitzen, die Nierenscheiben darin schnell kräftig anbraten. Die Zwiebelscheiben und die Paprikastreifen hinzufügen und mitbräunen, mit $1/4$ l Wasser auffüllen und kurz schmoren, bis alles gar ist.
Die Äpfel schälen und in schmale Scheiben schneiden. Diese Scheiben zu den Nieren geben. Jetzt das Mehl mit wenig Wasser verrühren und die Sauce damit binden. Etwa 5 Minuten kochen lassen. Dann das Gericht mit dem Wein, Salz, Zucker und der gekörnten Brühe abschmecken.
Pro Person etwa 305 kcal und 12 g Fett.

Kartoffel-Krusteln

800 g Kartoffeln
20 g Butter oder Margarine
120 g Mehl
2 Eier
Salz
2 gestrichene Eßl. Paniermehl
Öl zum Braten

Die Kartoffeln bereits am Vortag kochen und schälen.
Am nächsten Tag die geschälten Kartoffeln reiben. Die Butter oder Margarine zerlassen und mit den Kartoffeln, dem Mehl, den Eiern und Salz verkneten. Den Teig zu Plätzchen formen, diese erst in Mehl und dann in Paniermehl wenden. Öl in der Pfanne erhitzen und die Plätzchen darin von beiden Seiten langsam braun und gar braten.
Pro Person etwa 320 kcal und 15 g Fett.

Vanillecreme

$1/2$ l Milch · 40 g Zucker
1 Päckchen Vanillepuddingpulver
1 Eiklar

Den Vanillepudding nach der Gebrauchsanweisung auf dem Päckchen bereiten. Das Eiklar mit 1 Eßlöffel kaltem Wasser steif schlagen und den Eischnee unter den Pudding ziehen.
Pro Person etwa 175 kcal und 4 g Fett.

Gefüllte Blätterteigpasteten

250 g Champignons, frisch oder aus der Dose
Saft von $1/2$ Zitrone · 30 g Zwiebel · 2 Eier
Pfeffer · Salz · 30 g Butter oder Margarine
4 Pasteten (fertig gekauft)
1 Eßl. gehackte Petersilie

Die Pilze gründlich waschen und putzen. Den Zitronensaft mit Wasser verdünnen und die Pilze hineinlegen, damit sie hell bleiben. Oder die Pilze aus der Dose nehmen und abtropfen lassen. Die Zwiebel schälen und in sehr feine Würfel schneiden. Die Eier mit 4 Eßlöffeln Wasser, Pfeffer und Salz verquirlen. Die Butter oder Margarine in einer Pfanne erhitzen, die Champignons blättrig schneiden, die Scheiben mit den Zwiebelwürfeln in das heiße Fett geben und gar dünsten. Dann die Eiermasse dazugießen und stocken lassen. Dabei mit einem Eßlöffel vorsichtig umwenden.
Die Pasteten im vorgewärmten Backofen in etwa 15 Minuten warm werden lassen und mit dem Pilz-Rührei füllen. Die Petersilie darüberstreuen und die Pasteten sofort servieren.
Pro Person etwa 500 kcal und 33 g Fett.

Früchtecocktail

150 g Grapefruitsaft · Saft von 1/2 Zitrone
150 g Äpfel · 150 g Birnen aus der Dose
150 g Kirschen aus der Dose
oder Tiefkühltruhe
150 g Stachelbeeren aus der Dose

Den Grapefruitsaft mit dem Zitronensaft vermischen. Die Äpfel schälen und ebenso wie die Birnen in kirschgroße Würfel schneiden. Alle Früchte in den Grapefruitsaft geben und etwa 1/2 Stunde durchziehen lassen. In Gläser verteilen und servieren.
Pro Person etwa 120 kcal und kein Fett.

Gefüllter Schweinebauch

500 g mittelfetter Schweinebauch
mit Schwarte
Salz · Pfeffer
150 g getrocknete Aprikosen
50 g Mandeln · 4 Nelken
10 g gekörnte Brühe
10 g Stärkemehl

Vom Metzger in das Bauchstück eine Tasche schneiden lassen. Salz und Pfeffer vermischen. Das Fleisch innen und außen mit dem Salz-Pfeffer-Gemisch einreiben. Die Aprikosen in 1/2 l Wasser etwa 20 Minuten einweichen, danach dreimal durchschneiden. Die Mandeln brühen, schälen und in dünne Scheiben schneiden. Aprikosenstücke und Mandeln vermischen und die Tasche locker damit füllen, da die Aprikosen noch quellen. Den Backofen vorheizen. Das gefüllte Schweinebauchstück zunähen und mit den Nelken spicken, in die Bratpfanne legen, mit dem Aprikosen-Einweichwasser begießen – falls die Aprikosen zuviel aufgenommen haben, muß die Flüssigkeit mit Wasser auf 3/8 l aufgefüllt werden – und im vorgeheizten Ofen etwa 1 bis 1 1/2 Stunden braten.
Den fertigen Braten herausnehmen. Den Bratensatz mit 2 Tassen Wasser abkochen, dann das Stärkemehl mit wenig Wasser anrühren, die Sauce damit binden und mit der gekörnten Brühe abschmecken.
Pro Person etwa 545 kcal und 33 g Fett.

Reis

1 gestrichener Teel. Salz
250 g Reis

Etwa 3/4 l Wasser mit dem Salz zum Kochen bringen. Den Reis in das sprudelnde Wasser geben, zudecken und bei schwacher Hitze auf dem Herd oder im Backofen etwa 20 bis 25 Minuten ausquellen lassen, bis der Reis alle Flüssigkeit aufgenommen hat.
Pro Person etwa 230 kcal und kein Fett.

Quarkcreme

1/4 l Milch
1/2 Päckchen Vanillesaucenpulver
40 g Zucker
1 Prise Salz
250 g Speisequark, mager
1 Eiklar

Aus der Milch und dem Saucenpulver mit dem Zucker und dem Salz nach Vorschrift eine Sauce kochen. Die Sauce erkalten lassen und unter den Quark rühren. Das Eiklar mit 1 Eßlöffel kaltem Wasser zu sehr steifem Schnee schlagen und unter die Quarkmasse ziehen.
Pro Person etwa 155 kcal und 3 g Fett.

Ein Frühstück kann – wie dieses Bild zeigt – durchaus reichhaltig sein, ohne daß man Taillensorgen zu befürchten hat. Hier handelt es sich um das Frühstück am Sonntag im Januar-Speiseplan auf Seite 16. Da man an diesem Tag meist später als gewöhnlich aufsteht, entfällt das zweite Frühstück, und es gibt zur ersten Tagesmahlzeit Kaffee mit Milch, Toast und anderes Brot, Butter oder Margarine, Aufschnitt und Gelee. Die Wahl des Aufschnitts wird vom persönlichen Geschmack abhängen, die Menge von der sinnvollen Einordnung in die anderen Mahlzeiten des Tages.

Muschelsalat

1500 g Miesmuscheln · 250 g Möhren
250 g Sellerie · 150 g Zwiebeln
1 Glas herber Weißwein · Pfeffer · 150 g Äpfel
50 g Quark · 1 Becher Joghurt · 1 Eigelb
1 Eßl. Öl · Salz · Tabascosauce · 1 Prise Zucker
2 Eßl. Cognac · 1 Eßl. gehackte Petersilie

Die Muscheln gut waschen. Die Möhren und den Sellerie waschen, putzen und in Stücke schneiden. Die Zwiebeln schälen und die Hälfte davon in feine Würfel schneiden. Dann 3 Tassen Wasser mit dem Wein, Pfeffer, dem Gemüse und den unzerschnittenen Zwiebeln zum Kochen bringen. Die Muscheln einlegen und etwa 6 Minuten zugedeckt kochen. Dabei den Topf 2- bis 3mal schütteln. Die garen Muscheln aus der Schale nehmen und erkalten lassen. Die Brühe durch ein Sieb gießen. Den Sellerie und die Möhren in Scheiben schneiden. Die Äpfel schälen, halbieren, vom Kerngehäuse befreien und ebenfalls in Scheiben schneiden.
Den Quark, den Joghurt, das Eigelb und das Öl miteinander verrühren. Die Sauce mit Salz, Pfeffer, Tabascosauce, dem Zucker und dem Cognac pikant abschmecken. Die Muscheln, die Sellerie-, Möhren-, Apfelscheiben und die Zwiebelwürfel in eine Schüssel geben, die Salatsauce darübergießen. Den Salat gut vermischen und 1 Stunde durchziehen lassen. Mit der gehackten Petersilie bestreuen und servieren.
Anmerkung: Statt frischer Muscheln können auch Muscheln aus dem Glas genommen werden. Da sie in Öl pikant eingelegt sind, Gewürze nur sparsam und statt des angegebenen Öls dann das Öl von den Muscheln verwenden.
Pro Person etwa 250 kcal und 9 g Fett.

Mokka-Schokoladen-Milch

3 gestrichene Teel. Pulverkaffee
1 gestrichener Teel. Kakao · 30 g Zucker
$^1/_2$ l Milch

Den Pulverkaffee in $^1/_2$ Tasse Wasser auflösen. Alle Zutaten gut miteinander verrühren und kalt stellen. Vor dem Servieren nochmals durchrühren und in Gläser füllen.
Pro Person etwa 110 kcal und 4 g Fett.

Seelachsfilet roter Zauber

2 mittlere Stangen Porree (300 g)
1 kleine Sellerieknolle (300 g)
250 g rote Paprikaschoten, frisch oder aus dem Glas
500 g Tomaten, frisch oder aus der Dose
20 g Margarine · 50 g durchwachsener Speck
100 g Zwiebeln · 500 g Seelachsfilet
Zitronensaft oder Essig · Salz
$^1/_8$ l Sahne oder Joghurt
2 Eßl. Tomatenketchup
10 g gekörnte Brühe
2 Eßl. gehackte Petersilie

Den Porree und den Sellerie waschen und putzen, die Paprikaschoten von Stiel und Kernen befreien oder aus der Dose abtropfen lassen. Frische Tomaten einritzen, kurz in kochendes Wasser legen und schälen. Dann alle Gemüse klein schneiden. Die Margarine in einer feuerfesten Form erhitzen. Den Speck und die Zwiebeln in kleine Würfel schneiden und in dem Fett dünsten. Dann die Porree- und Selleriestücke dazugeben, weiter dünsten. Nach etwa 10 Minuten auch die Tomaten- und Paprikastücke mitdünsten.
Den Fisch säubern, mit Zitronensaft oder Essig säuern und salzen. Nach weiteren 10 Mi-

nuten die Sahne und das Tomatenketchup unter das Gemüse rühren und mit gekörnter Brühe und Salz abschmecken. Den Fisch obenauf legen und bei fest geschlossenem Topf etwa 10 Minuten garen. Zum Anrichten das Gericht mit gehackter Petersilie bestreuen.
Pro Person etwa 395 kcal und 16 g Fett.

Birnenschlemmerei

30 g Zucker · 20 g Stärkemehl · 1/8 l Sahne
100 g Zucker · 400 g Birnen aus der Dose

1/2 Tasse Wasser erwärmen. Den Zucker in einer Pfanne zergehen und unter Rühren karamel-braun werden lassen. Dann das Wasser dazugießen und den Karamel glattkochen. Das Stärkemehl mit wenig Wasser anrühren, zu dem Karamelwasser geben und alles noch einmal aufkochen. Die Creme in eine Schüssel gießen und erkalten lassen. Öfter umrühren, damit sich keine Haut bildet. Die Sahne mit dem Zucker steifschlagen und unter die erkaltete Karamelmasse rühren. Die Birnen abtropfen lassen und in eine Schale legen. Die Creme über die Birnen verteilen.
Pro Person etwa 332 kcal und 10 g Fett.

Gärtnerinsuppe

1 Paket Gemüsesuppe (Fertigprodukt)
50 g Möhren · 50 g Porreegrün
1 Eßl. gehackte Petersilie
1 Eßl. geschnittener Schnittlauch

Die Fertigsuppe nach Anweisung zubereiten. Die Möhren fein raspeln, das Porreegrün in sehr feine Streifen schneiden. Beides mit den Kräutern in die fertige Suppe geben.
Pro Person etwa 75 kcal und 3 g Fett.

Budapester Sauerkraut

100 g Äpfel · 1 kg Sauerkraut
Salz · Zucker · edelsüßes Paprikapulver
Pfeffer
1 kg Kartoffeln
250 g mageres, gekochtes Kaßler
etwas Fett für die Form
1/8 l saure Sahne

Die Äpfel schälen, in Achtel teilen und das Kerngehäuse herausschneiden. Das Sauerkraut mit den Äpfeln etwa 15 Minuten dünsten und mit Salz, Zucker, Paprikapulver und Pfeffer abschmecken. Die Kartoffeln kochen, schälen und in Scheiben schneiden. Das Kaßler in Würfel schneiden. Eine feuerfeste Form leicht einfetten. Das Sauerkraut, die Kartoffeln und das Fleisch abwechselnd in die Form einschichten, mit Sauerkraut anfangen und enden. Den Auflauf etwa 20 Minuten bei Mittelhitze im Ofen bräunen. Dann die saure Sahne darübergießen und alles noch einmal kurz im Ofen erhitzen.
Pro Person etwa 490 kcal und 17 g Fett.

Bratäpfel in Folie

4 große Äpfel (500 g)
20 g Rosinen
10 g Paniermehl · 20 g Zucker
1 Eßl. Rum

Die Äpfel dünn schälen und von der Blütenseite her mit einem Ausstecher entkernen, ohne sie zu durchstechen. Die Rosinen, das Paniermehl und den Zucker mit dem Rum vermischen und die Masse in die ausgehöhlten Äpfel füllen. Den Backofen vorheizen. Alu-Folie in Stücke schneiden, je 1 Apfel in die Mitte legen und die Folie über dem Apfel

locker schließen. Die Äpfel auf einem Blech in den vorgeheizten Backofen schieben und 10 Minuten bei starker Hitze garen. Die Äpfel in der geöffneten Folie servieren.
Pro Person etwa 110 kcal und kein Fett.

Orangen-Auflauf

3/8 l Milch
Schale von 2 Orangen (chemisch nicht behandelt)
120 g Zucker · 60 g Margarine · 120 g Mehl
4 Eier · Saft von 5 Orangen
Saft von 1 Zitrone
etwas Fett für die Form

Die Milch mit der Orangenschale aufkochen und 10 Minuten ziehen lassen, dann die Schale herausnehmen. Den Zucker und die Margarine schaumig rühren, nach und nach das Mehl und die abgekühlte Milch dazurühren. Die Masse in einen Topf geben und unter ständigem Rühren so lange kochen, bis sie sich vom Topf löst. Abkühlen lassen. Dann die Eier trennen. Die Eigelbe, den Orangen- und Zitronensaft unter den Teig rühren. Die Eiklar mit 2 Eßlöffeln kaltem Wasser steif schlagen und unter die Masse ziehen. Eine Auflaufform leicht fetten, die Masse einfüllen und im Ofen bei Mittelhitze in etwa 40 Minuten hellgelb backen. Sofort servieren, da der Auflauf leicht zusammenfällt.
Pro Person etwa 545 kcal und 21 g Fett.

Gebundene Ochsenschwanzsuppe

120 g Kartoffeln
1 Dose Ochsenschwanzsuppe
1/2 Glas Rotwein

Die Kartoffeln schälen, in kleine Würfel schneiden und in 3/4 l Wasser weich kochen. Die Ochsenschwanzsuppe dazugeben und beides zusammen noch einmal aufkochen. Dann den Rotwein darunterrühren.
Pro Person etwa 135 kcal und 5 g Fett.

Kalbshaxe auf Gemüsebett

40 g Margarine
1 Kalbshaxe von etwa 1 kg
Salz
1/8 l Brühe oder 1 Teel. gekörnte Brühe und 1/8 l Wasser
100 g Möhren
150 g Sellerie
100 g Porree
150 g Rosenkohl
300 g Erbsen aus der Tiefkühltruhe
15 g Mehl

Die Margarine in einem Brattopf erhitzen, die Kalbshaxe darin von allen Seiten anbraten, dann salzen, die Brühe zugießen und die Haxe in geschlossenem Topf etwa 1/2 Stunde schmoren. Die Möhren, den Sellerie und den Porree waschen, putzen und alles in gleichmäßige Würfel schneiden. Den Rosenkohl waschen und putzen. Die Strünke knapp einschneiden. Das Gemüse zu der Haxe geben und 15 Minuten dünsten, zuletzt die Erbsen etwa 6 bis 8 Minuten mitgaren.
Die Kalbshaxe herausnehmen und warm stellen. Das Gemüse mit dem Mehl überstäuben, vorsichtig umrühren und 5 bis 10 Minuten kochen. Das Gemüse auf einer tiefen Platte anrichten. Die Kalbshaxe in Portionen teilen und alle Fleischstücke auf das Gemüsebett legen.
Pro Person etwa 290 kcal und 10 g Fett.

Pariser Kartoffeln

1 kg große Kartoffeln · Salz · 15 g Butter
2 Eßl. gehackte Petersilie

Die Kartoffeln schälen und mit einem Ausstechmesser Kugeln ausstechen. Diese Kugeln in Salzwasser garen und dann abgießen. Die Butter in einem flachen Topf zerlassen, die Kartoffelkugeln dazugeben, die Petersilie darüberstreuen und die Kugeln vorsichtig darin schwenken. Sie müssen ganz bleiben.
Pro Person etwa 160 kcal und 3 g Fett.

Apfelsalat mit Datteln

Saft von 1 Orange · Saft von 1 Zitrone
1/2 Becher Joghurt · 100 g Datteln
400 g Äpfel · 40 g Zucker

Den Orangen- und Zitronensaft mit dem Joghurt verrühren. Die Datteln entkernen. Die Äpfel schälen und das Kerngehäuse entfernen. Äpfel und Datteln in gleichmäßige Scheiben schneiden und die Scheiben mit der Joghurtsauce vermischen. Den Salat mit dem Zucker abschmecken und etwa 1 Stunde durchziehen lassen.
Pro Person etwa 180 kcal und 1 g Fett.

Flämischer Nudelsalat

100 g Makkaroni · Salz · 150 g Zwiebeln
10 g Butter · 150 g Fleischwurst · 1/8 l Sahne
1/2 Becher Joghurt
Saft von 1/2 Zitrone · 1 Teel. Senf
1 Eßl. Tomatenketchup · 1 Prise Pfeffer
1 Prise Zucker · 500 g Chicorée
2 Eßl. gehackte Petersilie

Die Makkaroni zerbrechen und in Salzwasser garkochen. Dann mit kaltem Wasser abschrekken und gut abtropfen lassen. Die Zwiebeln schälen und in feine Ringe schneiden. Die Butter in einer Pfanne erhitzen und die Zwiebelringe darin goldgelb rösten. Die Fleischwurst in Streifen schneiden. Die Makkaroni, die Zwiebeln und die Fleischwurststreifen vermischen.
Die Sahne mit dem Joghurt, dem Zitronensaft, dem Senf, dem Ketchup, 1 Prise Salz, dem Pfeffer und dem Zucker schlagen, pikant abschmecken und mit dem Salat vermengen.
Die Chicoréestauden von den schlechten Blättern befreien, waschen, die Blätter ablösen, den bitteren Kern herausschneiden.
Kurz vor dem Anrichten die Chicoréeblätter in grobe Streifen schneiden und erst jetzt mit der Petersilie zum Salat geben, sonst wird der Chicorée weich. Er muß aber recht knakkig sein.
Pro Person etwa 350 kcal und 21 g Fett.

März

Keine Jahreszeit wird so herbeigesehnt wie der Frühling. In diesen Vorfrühlingstagen braucht der Körper nun besonders reichlich Obst und Gemüse, um die Frühjahrsmüdigkeit, die manchem arg zu schaffen macht, schnell zu verscheuchen; denn sie nimmt uns viel von der Freude an dieser schönen Jahreszeit.
Anstelle der kräftigen und deftigen Kost, die in den kalten Monaten nicht zu verachten war, soll unsere Nahrung nun wieder leichter werden; oft auch etwas »schmaler«, um neben der Frühjahrsmüdigkeit bei manchem von uns auch den Winterspeck zu vertreiben und die Taille auf das richtige Maß zu bringen.
Auch der Teint zeigt Spuren des Winters. Mit kosmetischen Mitteln allein läßt sich aber nicht erreichen, daß eine schlaffe, zerknitterte Haut frühlingsschön erblüht. Richtige Hautpflege beginnt im Kochtopf! Von innen heraus, durch eine angepaßte Ernährung muß die Regeneration erfolgen. Fette Speisen und solche mit fettreicher Zubereitung verschwinden jetzt mehr und mehr aus dem Speisezettel. Dafür wird das lebensnotwendige tierische Eiweiß in Milch und Milcherzeugnissen, Fisch, Eiern und mageren Fleischsorten reichlich geboten.
Um den Bedarf an Vitaminen und Mineralstoffen zu decken, wird, was jetzt schon an Obst, Gemüsen und Salaten zu bekommen ist, so oft wie möglich auf den Tisch gebracht.
Gerade in dieser Übergangszeit bieten sich viele vitaminreiche Nahrungsmittel an, die den Vitaminmangel überwinden helfen. So Zitrusfrüchte, allerdings nicht mehr so saftig, Bananen und die letzten einheimischen Äpfel. Neben Wintergemüsen, wie sie in den vergangenen Monaten angeboten wurden, kommen Spinat und Spitzkohl, eine frühe Weißkohlart, auf den Markt. Und die Kräuter! Zum Salat, aufs Brot, in Saucen und Gemüsen oder zu Saft gepreßt, sind sie immer gesund und wohlschmeckend. Kräuter – das klingt nach Liebstöckel, Beifuß, Petersilie, Melisse und Zitronenmelisse, nach Pimpernell, Sauerampfer, Löwenzahn und vielen anderen. Kresse kommt als erste auf den Markt. Dazu machen Milch, Joghurt, Quark, Käse und Fisch es leicht, Gesundheit und Schaffenskraft durch eine ausgeglichene Ernährung zu festigen und gleichzeitig Haut und Figur von innen her zu pflegen.

	Mittagessen	Abendessen
MONTAG	Möhren-Bananen-Frischkost Pikante Fischpfanne Salzkartoffeln mit Petersilie Karameldessert *(Menü pro Person etwa 875 kcal und 25 g Fett)*	Kartoffeltorte mit Himbeersauce Brot · Butter/Margarine Aufschnitt
DIENSTAG	Juliennesuppe Semmelpudding mit Weinschaumsauce *(etwa 875 kcal und 32 g Fett)*	Gekochte Eier mit Teufelssauce Brot · Butter/Margarine kalter Braten
MITTWOCH	Tomatenkraftbrühe Serbisches Gulasch Makkaroni · Kressesalat Orientalischer Fruchtsalat *(etwa 890 kcal und 30 g Fett)*	Pikanter Selleriesalat Brot · Butter/Margarine Tomate
DONNERSTAG	Speckpfannkuchen frischer Kopfsalat Quarkfrutti *(etwa 730 kcal und 36 g Fett)*	Apfelscheiben mit Gervais Knäckebrot Butter/Margarine Aufschnitt
FREITAG	Kartoffel-Tomaten-Suppe Spinat-Auflauf · Käsesauce Grießdessert mit Saft *(etwa 835 kcal und 27 g Fett)*	Geflügelsülze auf Kopfsalat Kräuter-Remoulade Brot · Butter/Margarine Käseplatte
SAMSTAG	Feiner Gemüsetopf mit Bratwurstklößchen Arme Ritter mit Kompott *(etwa 820 kcal und 37 g Fett)*	Zigeunersalat Toast Butter/Margarine Joghurt
SONNTAG	Traubensaft Gefüllte Kalbsbrust Chicoréesalat · Kartoffeln Creme Aphrodite *(etwa 890 kcal und 28 g Fett)*	Gefüllte Roastbeefröllchen Brot · Butter/Margarine Käse

Möhren-Bananen-Frischkost

250 g Möhren · 2 Bananen
1 Becher Joghurt · 20 g Zucker
Zitronensaft nach Geschmack

Die Möhren waschen und putzen, die Bananen schälen. Aus dem Joghurt, dem Zucker und dem Zitronensaft eine pikante Sauce bereiten. Die Möhren auf einer groben Reibe in die Sauce reiben. Die Bananen in kleine Würfel schneiden und unter die Möhrenmasse mischen. Abschmecken. Sofort servieren.
Pro Person etwa 80 kcal und 2 g Fett.

Pikante Fischpfanne

375 g Fischfilet oder
1 Paket Tiefkühlfilet (400 g)
Zitronensaft oder Essig · Salz
50 g durchwachsener Speck · 30 g Margarine
250 g Zwiebeln · 500 g Kartoffeln
300 g Pfifferlinge aus der Dose · Pfeffer
2 Eßl. gehackte Petersilie

Das Fischfilet in 3 cm dicke Streifen schneiden; Tiefkühlfisch etwas auftauen lassen.
Die Fischscheiben mit Zitronensaft oder Essig säuern und salzen. Den Speck in Würfel schneiden. Die Margarine in einen Topf geben und die Speckwürfel darin anbraten. Die Zwiebeln schälen, in grobe Würfel schneiden und diese in dem Fett goldgelb werden lassen. Die Kartoffeln schälen, in kleine Würfel schneiden, dazugeben und kurz mitdünsten. 1 Tasse Wasser dazugießen und alles zugedeckt 10 Minuten schmoren lassen. Die Fischstreifen dazugeben und 10 Minuten mitgaren. Die Pfifferlinge abtropfen lassen und weitere 5 bis 10 Minuten zugedeckt mitschmoren lassen. Das fertige Gericht mit Salz und Pfeffer abschmecken, mit der Petersilie bestreuen und servieren.
Pro Person etwa 455 kcal und 19 g Fett.

Karameldessert

1 Päckchen Karamelpudding-Kalt-Dessert
1/2 l Milch

Das Dessert nach Vorschrift zubereiten.
Pro Person etwa 175 kcal und 4 g Fett.

Kartoffeltorte (für 6 Personen)

400 g gekochte Kartoffeln · 3 Eier
150 g Zucker
150 g geschälte, gemahlene Mandeln
Saft und Schale von 1 Zitrone (chemisch nicht behandelt)
1 Eßl. Brombeerlikör (Kroatzbeere)
1 Eßl. Cognac · etwas Fett für die Form

Die Kartoffeln reiben. Die Eier trennen. Den Zucker und die Eigelbe schaumig rühren, dann die geriebenen Kartoffeln, die Mandeln und den Saft und die Schale der Zitrone dazugeben und alles gut verrühren. Die Eiklar mit 2 Eßlöffeln kaltem Wasser zu steifem Schnee schlagen und mit dem Likör und dem Cognac leicht unter den Teig heben.
Eine Springform ausfetten, den Teig einfüllen und den Kuchen bei Mittelhitze in etwa 50 Minuten hellbraun backen. Die Kartoffeltorte heiß oder kalt servieren.
Pro Person etwa 355 kcal und 16 g Fett.

Himbeersauce

1 gestrichener Teel. Stärkemehl
1 Paket Himbeeren aus der Tiefkühltruhe
Saft von 1/2 Zitrone · Zucker nach Geschmack

Das Stärkemehl mit $^1/_4$ l Wasser glattrühren, in einem Topf zum Kochen bringen und kurz durchkochen. Die Himbeeren in eine Schüssel geben, die heiße Flüssigkeit darübergießen und die Früchte darin zugedeckt auftauen lassen. Die Himbeersauce mit dem Zitronensaft und Zucker abschmecken.
Pro Person etwa 95 kcal und kein Fett.

Juliennesuppe

500 g Gemüse der Jahreszeit (Möhren, Erbsen, Spargel, Blumenkohl oder anderes)
50 g Zwiebel
$1^1/_2$ l Brühe oder
$1^1/_2$ l Wasser und 15 g gekörnte Brühe
30 g Margarine · Salz · 1 Prise Zucker
2 Eßl. gehackte Kräuter

Die Gemüse waschen, putzen und gleichmäßig zerkleinern. Die Zwiebel schälen und in feine Würfel schneiden. In einem Topf die Brühe und in einem zweiten die Margarine erhitzen. Das Gemüse und die Zwiebelwürfel in dem Fett andünsten. Die heiße Brühe dazugießen, alles einmal aufkochen und auf kleiner Flamme 30 bis 40 Minuten garen lassen. Die Suppe mit Salz und dem Zucker abschmecken, mit den gehackten Kräutern bestreuen und servieren.
Pro Person etwa 120 kcal und 5 g Fett.

Semmelpudding

5 Brötchen (Semmeln) · $^3/_8$ l Milch · 3 Eier
50 g Margarine · 80 g Zucker
1 Messerspitze Zimt · 30 g Nüsse
50 g getrocknete Aprikosen
3 gestrichene Eßl. Paniermehl

Die Brötchen in feine Scheiben schneiden. Die Milch erhitzen und über die Scheiben gießen. Die Eier trennen. 40 g Margarine mit dem Zucker, den Eigelben und dem Zimt schaumig rühren. Die Nüsse grob hacken und die Aprikosen in kleine Stücke schneiden. Die Nüsse, die Aprikosen und 2 Eßlöffel Paniermehl unter die Masse rühren. Die Eiklar mit 2 Eßlöffeln kaltem Wasser zu steifem Schnee schlagen und den Eischnee unter die Masse heben. Eine Puddingform ausfetten und mit Paniermehl ausstreuen. Den Teig einfüllen und die Form fest schließen. Den Pudding etwa 1 Stunde im Wasserbad kochen lassen und dann auf eine Platte stürzen.
Mit der Weinschaumsauce (unten) servieren.

Weinschaumsauce

$^3/_8$ l Wein · 3 Eier · 60 g Zucker
1 gestrichener Teel. Stärkemehl
2 Eßl. Zitronensaft

Alle Zutaten miteinander schlagen. Dann in ein heißes Wasserbad stellen und weiterschlagen, bis die Sauce dickflüssig und schaumig ist und hochsteigt. Mit Semmelpudding (siehe oben) servieren.
Semmelpudding und Weinschaumsauce zus. pro Person etwa 755 kcal und 27 g Fett.

Teufelssauce

4 Eßl. Tomatenketchup · 2 Eßl. Öl
50 g Zwiebel
100 g eingelegte Paprikaschoten
Saft von 1 Zitrone · 1 Teel. scharfer Senf
20 g Zucker · Salz · 1 Eßl. Worcestersauce
5 Tropfen Tabascosauce · Cayennepfeffer

Das Tomatenketchup und das Öl miteinander verrühren. Die Zwiebel schälen, die Paprikaschoten und die Zwiebel in feine Würfel schneiden. Die Würfel mit den übrigen Zutaten zum Ketchup geben und alles vermischen. Die Sauce scharf abschmecken.
Pro Person etwa 130 kcal und 8 g Fett.

Tomatenkraftbrühe

3/4 l Wasser und 10 g gekörnte Brühe oder
3/4 l Fleischbrühe
30 g Tomatenmark · 100 g Tomaten
2 Eßl. Sherry · edelsüßes Paprikapulver
Salz · 1 Prise Zucker

Das Wasser erhitzen und die gekörnte Brühe einstreuen oder die Fleischbrühe erhitzen. Das Tomatenmark mit etwas Brühe glattrühren und in die übrige Brühe gießen. Die Tomaten in kleine Würfel schneiden und zur Suppe geben. Die Tomatenbrühe mit dem Sherry, dem Paprikapulver, Salz und dem Zucker abschmecken.
Pro Person etwa 36 kcal und 1 g Fett.

Serbisches Gulasch

250 g mageres Schweinefleisch
250 g mageres Rindfleisch
2 gestrichene Teel. edelsüßes Paprikapulver
1 gestrichener Teel. Currypulver
300 g Zwiebeln · 2 Eßl. Öl
1 Eßl. Tomatenmark · 10 g gekörnte Brühe
Salz · Pfeffer · 150 g Senfgurken

Das Schweine- und Rindfleisch in Würfel schneiden. Das Paprika- und Currypulver miteinander mischen und die Fleischwürfel darin wenden. Die Zwiebeln schälen und in Scheiben schneiden. Das Öl in einem Bratentopf erhitzen, das Fleisch darin kräftig anbraten. Die Zwiebelscheiben zu dem Fleisch geben und alles zusammen dünsten. Mit 1/4 l heißem Wasser auffüllen. Das Tomatenmark, die gekörnte Brühe, Salz und Pfeffer zugeben und das Gulasch zugedeckt gar schmoren. Die Senfgurken in kleine Würfel schneiden, zum Gulasch geben, einmal aufkochen lassen und das Ganze nochmals abschmecken.
Pro Person etwa 305 kcal und 17 g Fett.

Makkaroni

1 gestrichener Teel. Salz · 250 g Makkaroni
20 g Butter oder Margarine

1 1/2 l Wasser mit dem Salz zum Kochen bringen. Die Makkaroni in fingerlange Stücke brechen, in das Wasser legen und alles wieder zum Kochen bringen. Die Makkaroni etwa 15 Minuten kochen lassen, die Hitze drosseln und die Makkaroni noch 5 bis 10 Minuten ausquellen lassen; dann auf ein Sieb geben, mit kaltem Wasser übergießen und gut abtropfen lassen. Die Butter im Topf erhitzen und die Makkaroni darin schwenken.
Pro Person etwa 280 kcal und 6 g Fett.

Kressesalat

Saft von 1 Zitrone · 1 knapper Eßl. Öl
10 g Zucker · 20 g Zwiebel · 200 g Kresse

In 1/2 Tasse Wasser den Zitronensaft, das Öl und den Zucker geben. Die Zwiebel schälen, in feine Würfel schneiden und die Zwiebelwürfel in die Marinade geben. Die Kresse sehr gut waschen, gut abtropfen lassen und mit der Marinade vermischen.
Pro Person etwa 50 kcal und 3 g Fett.

Orientalischer Fruchtsalat

Saft von 1–2 Zitronen · 30 g Zucker
150 g Äpfel · 150 g Orangenfleisch
100 g Bananenfleisch · 50 g Feigen
50 g entkernte Datteln · 20 g Walnüsse
50 g Rosinen

Den Zitronensaft in 1 Tasse Wasser geben und den Zucker darin auflösen. Die Äpfel schälen, in Viertel schneiden und das Kerngehäuse entfernen. Das Orangen- und Bananenfleisch und die Äpfel in Würfel schneiden und die Würfel schnell mit dem Zitronenwasser vermischen. Die Feigen, die Datteln und die Walnüsse grob zerschneiden und mit den Rosinen zu den Früchten geben. Den Salat 1/2 Stunde durchziehen lassen.
Pro Person etwa 220 kcal und 3 g Fett.

Pikanter Selleriesalat

200 g Quark · 1/2 Becher Joghurt · 1 Eigelb
25 g Öl · 1 Teel. Senf · Zitronensaft
Salz · Zucker · 250 g säuerliche Äpfel
250 g gekochter Sellerie
150 g gekochtes kaltes Fleisch
100 g Edamer Käse · 1 Eßl. gehackte Kräuter

Den Quark und den Joghurt mit dem Eigelb verrühren und das Öl langsam dazugeben. Mit dem Senf, Zitronensaft, Salz und Zucker pikant abschmecken. Die Äpfel schälen, halbieren und das Kerngehäuse entfernen. Die Äpfel, den Sellerie, das Fleisch und den Käse in gleichmäßige Streifen schneiden und die Streifen in einer Schüssel mit der Salatsauce gut vermischen. Den Salat etwa 1 Stunde zum Durchziehen kalt stellen. Dann mit den Kräutern bestreuen und servieren.
Pro Person etwa 475 kcal und 22 g Fett.

Speckpfannkuchen

250 g Mehl · 1 Ei · Salz
40 g Öl
8 Scheiben durchwachsener Speck (100 g)

Das Mehl in eine Schüssel sieben. In die Mitte eine Vertiefung drücken. Knapp 1/2 l Wasser, das Ei und etwas Salz in die Vertiefung geben und alles von der Mitte her zu einem dickflüssigen Teig verrühren. Etwas Öl in der Pfanne erhitzen, zwei Speckscheiben hineinlegen, kurz anbraten. 1/4 des Teiges darübergießen und den Pfannkuchen von beiden Seiten goldgelb backen. Auf die gleiche Art die drei weiteren Pfannkuchen herstellen.
Pro Person etwa 515 kcal und 30 g Fett.

Quarkfrutti

1 Päckchen gemahlene Gelatine
200 g Speisequark, mager · 1/8 l Milch
1/8 l Kirschsaft · 30 g Zucker
150 g Sauerkirschenkompott
20 g geriebene Schokolade

Die Gelatine nach Vorschrift auflösen. Den Quark mit der Milch und dem Saft glattrühren und mit dem Zucker abschmecken. Die Gelatine mit dem Kompott unter die Quarkmasse rühren. Das Dessert zum Steifwerden kalt stellen. Dann mit der Schokolade bestreuen und servieren.
Pro Person etwa 170 kcal und 3 g Fett.

Apfelscheiben mit Gervais

400 g mürbe Äpfel · Salz · 100 g Gervais
100 g Quark · 1 Prise Paprikapulver
5 g Tomatenmark
1 Eßl. geschnittener Schnittlauch

Die Äpfel schälen, die Kerngehäuse ausstechen und die Äpfel in etwa $^1/_2$ cm dicke Scheiben schneiden. Diese in Salzwasser tauchen, damit sie nicht braun werden. Die Apfelreste fein raspeln. Den Gervais mit dem Quark glattrühren und die Masse in drei Teile teilen. Einen Teil mit dem Paprikapulver und dem Tomatenmark, einen Teil mit dem Schnittlauch vermischen. Den dritten Teil mit den Apfelraspeln verrühren. Auf je eine Apfelscheibe von einer Sorte Gervaismasse ein kegelförmiges Häufchen aufsetzen. Die drei verschiedenen Farben geben den Gervais-Scheiben dann ein besonders appetitliches Aussehen.
Pro Person etwa 160 kcal und 8 g Fett.

Feine Kartoffel-Tomaten-Suppe

500 g Kartoffeln
50 g Zwiebel
100 g Suppengrün
3 Eßl. Milch
2 Eßl. Tomatenmark
1 Eßl. Tomatenketchup
Pfeffer · Salz
1 Teel. gekörnte Brühe
1 Eßl. gehackte Petersilie

Die Kartoffeln und die Zwiebel schälen, das Suppengrün putzen. Alles in grobe Würfel schneiden. Die Würfel mit 1 l Wasser aufsetzen und etwa 30 Minuten kochen. Dann die Suppe durch ein Sieb streichen. Die Milch mit dem Tomatenmark und dem Ketchup verrühren, in die Suppe geben und alles nochmals aufkochen. Die Suppe mit Pfeffer, Salz und der gekörnten Brühe abschmecken, mit der Petersilie bestreuen und servieren.
Pro Person etwa 140 kcal und 1 g Fett.

Spinat-Auflauf

750 g gedämpfter Spinat oder Tiefkühlspinat
3 altbackene Brötchen
180 g gekochter Schinken im Stück
3 Eier · Salz · geriebene Muskatnuß
etwas Fett für die Form

Den Spinat fein hacken oder den Tiefkühlspinat auftauen. Die Brötchen einweichen, ausdrücken und mit dem Spinat vermengen. Den Schinken in Streifen schneiden. Die Eier trennen. Die Eigelbe und die Schinkenstreifen zur Spinatmasse geben und alles gut vermengen und mit Salz und Muskat abschmekken. Die Eiklar mit 2 Eßlöffeln kaltem Wasser zu steifem Schnee schlagen und den Eischnee unter die Masse ziehen.
Eine Auflaufform leicht ausfetten, die Masse einfüllen und im Ofen etwa 35 bis 40 Minuten bei Mittelhitze backen.
Pro Person etwa 350 kcal und 15 g Fett.

Käsesauce

$^1/_2$ Tasse Milch
$^1/_2$ Tasse Brühe
3 Ecken halbfetter Streichkäse
$^1/_2$ Teel. edelsüßes Paprikapulver
Salz

Die Milch und die Brühe vermischen. Den Käse mit der Flüssigkeit in einen Topf geben und unter ständigem Rühren so lange erhitzen, bis der Käse sich aufgelöst hat. Die Mischung zu einer dickflüssigen Sauce schlagen und mit den Gewürzen abschmecken.
Anmerkung: Falls die Sauce durch das Stehen zu dick wird, muß sie kurz wieder erwärmt werden.
Pro Person etwa 120 kcal und 6 g Fett.

Grießdessert mit Saft

Zubereitung wie auf Seite 92, jedoch mit nur 50 g Grieß.
Pro Person etwa 170 kcal und 6 g Fett.

Geflügelsülze auf Kopfsalat

1 Paket gemahlene Gelatine
$^1/_2$ l Wasser und 15 g gekörnte Brühe oder $^1/_2$ l Hühnerbrühe
Essig · Salz · 1 Prise Zucker · 1 Ei
50 g Gewürzgurke · 1 Kopf Salat
250 g mageres, gekochtes Hühnerfleisch

Die Gelatine nach Vorschrift auflösen. Die Flüssigkeit mit Essig, Salz und dem Zucker abschmecken und zum Kochen bringen. Die Gelatine unter Rühren dazugeben und weiterrühren, bis sie aufgelöst ist. Die Flüssigkeit abkühlen lassen und das abgesetzte Fett entfernen. Eine flache Schüssel kalt ausspülen und so viel Gelatinebrühe eingießen, daß der Boden bedeckt ist. Zum Erstarren kaltstellen.
Jetzt das Ei hart kochen, kalt abschrecken, schälen und in Scheiben schneiden. Die Gurke ebenfalls in Scheiben schneiden. Mit den Ei- und Gurkenscheiben die erstarrte Sülzeschicht verzieren, vorsichtig einige Eßlöffel Gelatinebrühe darübergießen. Wenn auch diese Schicht erstarrt ist, das Geflügelfleisch darauf verteilen, die restliche, schon dickflüssige Gelatinebrühe daraufgießen. Kaltstellen.
Den Kopfsalat zerteilen, verlesen und die Blätter waschen. Wenn das Gelee schnittfest ist, die Sülze mit einem Messer vom Rand der Schüssel lösen. Die Salatblätter auf eine Platte legen und die Sülze daraufstürzen. Mit der Remoulade (nächstes Rezept) servieren.
Pro Person etwa 170 kcal und 6 g Fett.

Kräuter-Remoulade

250 g Speisequark, mager · 1 Becher Joghurt
30 g Mayonnaise (Fertigprodukt) · 50 g Apfel
30 g Zwiebel · 50 g Gewürzgurke
Saft von $^1/_2$ Zitrone
2 Eßl. Gewürzgurkenmarinade aus dem Glas
Salz · 1 Prise Zucker
2 Eßl. gehackte Kräuter (Petersilie, Dill, Schnittlauch)

Den Quark, den Joghurt und die Mayonnaise miteinander verrühren. Den Apfel und die Zwiebel schälen und beides in die Quarkmayonnaise grob hineinreiben. Die Gewürzgurke in kleine Würfel schneiden und zufügen. Die Remoulade mit dem Zitronensaft, der Gurkenmarinade, Salz, dem Zucker und den Kräutern pikant abschmecken. Zur Geflügelsülze (links) servieren.
Pro Person etwa 160 kcal und 8 g Fett.

Feiner Gemüsetopf mit Bratwurstklößchen

50 g Zwiebel · 30 g Margarine
250 g Möhren · 250 g Blumenkohl
300 g Erbsen aus der Tiefkühltruhe
100 g feine Bratwurst · 15 g gekörnte Brühe
Salz · 1 Prise Zucker · 2 Eßl. gehackte Kräuter

Die Zwiebel schälen und in feine Würfel schneiden. Die Margarine in einem Topf erhitzen, die Zwiebelwürfel darin glasig dünsten und mit $1^1/_2$ l kochendem Wasser auffüllen. Die Möhren und den Blumenkohl putzen. Die Möhren in Würfel schneiden, den Blumenkohl in Röschen teilen. Beide Gemüse in die Flüssigkeit geben und etwa 30 Minuten leicht kochen lassen. Dann die Erbsen dazugeben und alles nochmals etwa

10 Minuten kochen lassen. Die Bratwurst aus der Haut in kleinen Klößchen in die Suppe drücken und die Klößchen 5 Minuten ziehen lassen. Das Gericht mit der gekörnten Brühe, Salz und dem Zucker abschmecken, mit den Kräutern bestreuen und servieren.
Pro Person etwa 290 kcal und 18 g Fett.

Arme Ritter mit Kompott

4 alte Brötchen
200 g Milch · 1 Prise Salz · 3 Eier
30 g Paniermehl · 50 g Öl · 60 g Zucker
Zimt · 600 g Kompott nach Wahl

Von den Brötchen die harte Kruste abreiben und die Brötchen halbieren. Die Milch – 2 Eßlöffel Milch zurückbehalten – mit dem Salz verquirlen und die Brötchenhälften mit der Flüssigkeit übergießen. Sie müssen sich vollsaugen, dürfen aber nicht zerfallen. Die Eier mit 3 Eßlöffeln Milch schlagen, die Brötchenhälften eintauchen und dann in dem Paniermehl wälzen. Das Öl in der Pfanne erhitzen und die Brötchenhälften darin goldgelb bakken. Den Zucker mit Zimt mischen, die Armen Ritter mit dem Zimtzucker bestreuen und mit dem Kompott servieren.
Pro Person etwa 535 kcal und 19 g Fett.

Zigeunersalat

2 Becher Joghurt · Senf · Salz
edelsüßes Paprikapulver
1 Teel. Worcestersauce · 100 g Zwiebeln
150 g Erbsen aus der Tiefkühltruhe
300 g mageres, gekochtes Rindfleisch
200 g Schnittkäse (30 % Fett i. T.)
150 g Gewürzgurken
250 g gekochte, geschälte Kartoffeln

Den Joghurt mit Senf, Salz, Paprikapulver und der Worcestersauce verrühren und pikant abschmecken. Die Zwiebeln schälen und in feine Würfel schneiden; diese zur Sauce geben. Die Erbsen garen und abkühlen lassen. Alle Salatzutaten in feine Streifen schneiden und mit der Salatsauce vermengen. Zuletzt die Erbsen untermischen. Den Salat nochmals abschmecken. 1 Stunde durchziehen lassen.
Pro Person etwa 515 kcal und 26 g Fett.

Gefüllte Kalbsbrust (für 6 Personen)

1 kg Kalbsbrust · Salz · 50 g Zwiebel
40 g Butter oder Margarine · 1 Brötchen
150 g Hackfleisch, halb und halb · 1 Ei
1 Eßl. Tomatenketchup · 30 g Paniermehl
1 Eßl. gehackte Petersilie
15 g Mehl · 40 g saure Sahne

Vom Metzger die Knochen aus der Kalbsbrust lösen und eine Tasche einschneiden lassen. Die Kalbsbrust innen und außen mit Salz einreiben. Die Zwiebel schälen und in feine Würfel schneiden. Etwas Butter oder Margarine in einer Pfanne erhitzen und die Zwiebelwürfel darin rösten. Das Brötchen einweichen und wieder ausdrücken. Das Hackfleisch mit dem Brötchen, den gerösteten Zwiebeln, dem Ei, dem Tomatenketchup, dem Paniermehl und der Petersilie gut verkneten. Die Füllung mit Salz pikant abschmecken und locker in die Tasche der Kalbsbrust füllen. Die Öffnung zunähen. Die restliche Butter in einer Pfanne erhitzen, die Kalbsbrust darin von allen Seiten anbraten und bei starker Hitze im Ofen 1 bis 1½ Stunden braten. Dabei 4- bis 5mal mit ½ Tasse heißem Wasser begießen. Den fertigen Braten aus der Pfanne nehmen und warm stellen.

Den Bratensatz mit 1 1/2 Tassen Wasser abkochen, die Flüssigkeit in einen Topf gießen. Das Mehl mit der sauren Sahne verquirlen, die Sauce damit binden und etwa 10 Minuten schwach kochen lassen. Die Sauce mit Salz abschmecken. Die Kalbsbrust in Scheiben schneiden. Fleisch und Sauce gesondert servieren.
Pro Person etwa 300 kcal und 16 g Fett.

Chicoréesalat

300 g Chicorée · 1 Orange · 1 Grapefruit
1 Becher Joghurt · Saft von 1 Zitrone
1 Eßl. Tomatenketchup
Zucker nach Geschmack
1 Eßl. gehackte Petersilie

Die Chicoréestauden von den schlechten Stellen befreien und waschen. Dann der Länge nach halbieren und den festen, bitteren Kern herausschneiden. Die Chicoréehälften in etwa 5 cm breite Stücke schneiden. Die Orange und die Grapefruit schälen und auch die weiße Haut restlos entfernen. Die Früchte in Würfel schneiden und die Würfel mit dem Joghurt vermischen. Die Mischung mit dem Zitronensaft, dem Ketchup und Zucker pikant abschmecken, über die Chicoréestücke gießen. Die Petersilie darüberstreuen und den Salat sofort servieren.
Pro Person etwa 75 kcal und 2 g Fett.

Creme Aphrodite

300 g Äpfel · Saft von 1/2 Zitrone
1 Eßl. Rum · 75 g Zucker · 1/4 l Milch
1 Päckchen Vanillesaucenpulver
100 g Sahne · 10 g Johannisbeergelee

Die Äpfel schälen, in Achtel schneiden und das Kerngehäuse entfernen. 1/2 Tasse Wasser mit dem Zitronensaft, dem Rum und dem Zucker zum Kochen bringen und die Apfelstücke darin dünsten. Aus der Milch und dem Vanillesaucenpulver nach Vorschrift eine Vanillesauce bereiten. Die gedünsteten Äpfel und die Sauce vermischen und die Mischung erkalten lassen. Die Sahne steif schlagen und unter die erkaltete Creme ziehen. Mit dem Johannisbeergelee verzieren.
Pro Person etwa 260 kcal und 10 g Fett.

Gefüllte Roastbeefröllchen

150 g Speisequark, mager
1 Becher Joghurt
1 Eigelb · 1 Eßl. Öl
2 Teel. Senf · Salz
Pfeffer · 1 Prise Zucker
1 Eßl. gehackte Kräuter
8 Scheiben Roastbeef zu je 40 g
1 Kopf Salat · 150 g Tomaten
100 g Hawaiigurken aus dem Glas

Den Quark mit dem Joghurt, dem Eigelb, dem Öl, dem Senf, Salz, Pfeffer, dem Zucker und den Kräutern glattrühren und pikant abschmecken. Je zwei Roastbeefscheiben nebeneinander legen, die Quarkmayonnaise gleichmäßig auf die 4 Portionen verteilen und das Fleisch zusammenrollen. Von dem Kopfsalat die Blätter lösen, waschen und gut abtropfen lassen. Eine Platte mit Salatblättern auslegen und die Roastbeefröllchen darauf anrichten. Die Tomaten und die Gurken in Scheiben schneiden. Die Fleischplatte mit den Tomaten- und Gurkenscheiben garnieren.
Pro Person etwa 280 kcal und 16 g Fett.

April

Der April ist unbeständig; er benimmt sich wie ein launisches Mädchen: Lachen und Weinen wechseln in Minutenschnelle. Die schon wärmende Sonne wird plötzlich von schweren Wolken verhangen. Wind, Regen und Schneeschauer treiben die Frühlingsspaziergänger nach Hause. Doch die Zugvögel lassen sich davon nicht aufhalten und kehren zurück zu ihren vertrauten Plätzen und Niststellen. Am Monatsende kommen die Schwalben, und wenn auch eine Schwalbe noch keinen Sommer macht, so ist doch das Erwachen der Natur nun nicht mehr aufzuhalten.
Die Hühner legen nun wieder fleißiger ihre Eier, gerade recht, um nach altem Brauch das Osterfest damit zu bereichern. An jedem österlichen Feiertag werden in vielen Familien traditionelle Gerichte bereitet. So gibt es am Gründonnerstag frische grüne Gemüse oder die besonders in Hessen bekannte grüne Sauce, die siebenerlei frische Kräuter enthält. Am Karfreitag kommt ein Fischgericht auf den Speiseplan, und der Frühstückstisch am Ostermorgen wird mit bunten Eiern, Osterkranz und Osternestchen fröhlich gedeckt. Zu Mittag wird manche Hausfrau dann ein saftiges Osterlamm zubereiten. Die Fleischer bieten delikates, zartes Lammfleisch an. Unbeschwert möchte jeder die Feiertage verleben, und ein vernünftiger Speisezettel ist dazu eine wichtige Voraussetzung.
Die Ernährung muß so eingerichtet werden, daß sie allen Lebensumständen gerecht wird. Der geistig angespannte Mensch braucht eine Nahrung, die ihn so wenig wie möglich belastet. Wenn die körperliche Tätigkeit nachläßt, vermindert sich der Energieverbrauch erheblich. Dieser ist also meistens auch an Feiertagen bei weniger Bewegung, Sitzen in behaglichen Sesseln oder Schlafen, geringer als an Arbeitstagen.
In diesem Frühlingsmonat meint es die Natur mit uns besonders gut. Viele junge Gemüse, knackige Radieschen, Gurken und Schnittlauch kommen auf den Markt. Sauerampfer und junger Löwenzahn sind auf den Wiesen zu finden. Und als erstes Obst löst der Rhabarber die müde gewordenen Winterfrüchte ab. Es wird nun immer leichter, einen »gesunden« und der Figur zuträglichen Speisezettel aufzustellen.

	Erstes Frühstück	Zweites Frühstück
MONTAG	Kakao Brot Butter/Margarine Quark Honig	Obst
DIENSTAG	Getränk nach Wahl Rosinenbrot · Vollkornbrot Butter/Margarine Ei · Konfitüre	Joghurt · Knäckebrot
MITTWOCH	Getränk nach Wahl · Brot Brötchen · Butter/Margarine Radieschen · Quark Marmelade	Ananas-Milchmix
DONNERSTAG	Grapefruit-Müsli Brot Butter/Margarine Hagebuttenmarmelade	Kakao · Butterbrot
FREITAG	Getränk nach Wahl Brot · Butter/Margarine Schnittkäse · Pflaumenmus	Obst mit Joghurt
SAMSTAG	Fruchtsaft · Brötchen Butter/Margarine Wurst · Orangenmarmelade	Buttermilch · Banane
SONNTAG	Getränk nach Wahl Überbackenes Weißbrot Brot · Butter/Margarine Konfitüre	entfällt wegen des späten Frühstücks · eventuell Obst

Mittagessen	Nachmittag	Abendessen
Karottensuppe Kohlviertel · Holl. Sauce gekochter Schinken (80 g) Salzkartoffeln *(Menü pro Person etwa 800 kcal und 35 g Fett)*	Getränk nach Wahl Brot · Butter/Margarine Marmelade	Käse-Auflauf grüner Salat Apfelkompott
Fruchtsaft · Hackbraten Radieschensalat · Kartoffeln mit Petersilie · Quarkdessert *(etwa 720 kcal und 32 g Fett)*	Getränk nach Wahl Löffelbiskuit	Rhabarber-Auflauf Brot Butter/Margarine
Gebundene Spargelsuppe Nudelgericht · Fruchtsülze *(etwa 780 kcal und 25 g Fett)*	Obst	Aufschnittplatte mit Tomaten- u. Gurkenscheiben Brot · Butter/Margarine
Schwäbische Brotsuppe Spinat-Omelette Champignonsauce Quark-Wein-Creme *(etwa 780 kcal und 32 g Fett)*	Getränk nach Wahl Gründonnerstag-Kringel	Schweizer Wurstsalat Brot Butter/Margarine
Mokkamilch Kräuterfilet · Tomatenreis I Rhabarberkompott *(etwa 795 kcal und 21 g Fett)*	Getränk nach Wahl Orangentorte	Spargel-Eier-Salat Toast Butter/Margarine
Rinderbouillon Rindfleisch mit grüner Sauce Salzkartoffeln · Kompott *(etwa 860 kcal und 30 g Fett)*	Getränk nach Wahl Mandeltorte	Kaltes Geflügel mit pikanter Apfelsauce Brot · Butter/Margarine Käse
Gespickte Lammkeule Gegrillte Tomaten Salzkartoffeln mit Petersilie Vanilleeis/Schokoladensauce *(etwa 750 kcal und 38 g Fett)*	Getränk nach Wahl Kleingebäck	Bunte Ostereierplatte Brot Butter/Margarine

Karottensuppe

250 g Karotten · 100 g Zwiebeln
3/4 l Brühe oder 10 g gekörnte Brühe und 3/4 l Wasser
20 g Margarine · 20 g Mehl · Salz
1 Prise Zucker · 100 g Dosenmilch
1 Eßl. gehackte Petersilie

Die Karotten waschen, putzen und in grobe Stücke schneiden. Die Zwiebeln schälen und klein schneiden. Die Karotten- und Zwiebelstücke in der Brühe etwa 20 Minuten kochen. Danach durch ein Sieb streichen oder im Mixer pürieren. In einem Topf die Margarine zerlassen, das Mehl hinzugeben und durchschwitzen. Die Mehlschwitze mit der Karottenmasse auffüllen. Mit Salz und dem Zucker abschmecken und die Dosenmilch darunterziehen. Die Suppe mit der Petersilie bestreuen und anrichten.
Pro Person etwa 125 kcal und 6 g Fett.

Kohlviertel

1 Kopf Weißkohl · Salz · 1 l Milch
Schale von 1/2 Zitrone (chemisch nicht behandelt)
1 Prise Zucker · 1/2 Teel. Kümmel
10 g Butter · 2 Tomaten

Den Kohlkopf von welken und schlechten Blättern befreien, kurz in Salzwasser legen und dann in Viertel schneiden. Die Milch mit der Zitronenschale, Salz, dem Zucker, dem Kümmel und der Butter erhitzen, die Kohlviertel einlegen und mit so viel kochendem Wasser auffüllen, daß die Viertel gerade bedeckt sind. Den Topf fest schließen und die Kohlviertel gar, aber nicht zu weich kochen. Die Kohlviertel dann auf einer tiefen Platte warm stellen. Die Kochbrühe mit zur holländischen Sauce (nächstes Rezept) verwenden. Die Sauce sehr heiß über die Kohlviertel gießen. Die Tomaten in Scheiben oder Viertel teilen, das Gericht damit hübsch garnieren und servieren.
Pro Person etwa 120 kcal und 3 g Fett.

Holländische Sauce

30 g Margarine oder Butter · 40 g Mehl
1 Teel. gekörnte Brühe · 1/4 l Kohl-Kochbrühe
1/4 l Milch
2 Eßl. Zitronensaft · Salz · 1 Prise Zucker
1 Eigelb · 1 Eßl. saure Sahne

Die Margarine oder Butter in einem Topf zerlassen, das Mehl dazugeben und unter Rühren darin hellgelb schwitzen. Die gekörnte Brühe in der Kohlbrühe auflösen und die Milch dazugießen. Die Flüssigkeit unter Rühren nach und nach in die Mehlschwitze gießen und die Sauce etwa 10 Minuten kochen lassen. Mit dem Zitronensaft, Salz und dem Zucker abschmecken. Das Eigelb mit der sauren Sahne verquirlen, mit etwas heißer Sauce auffüllen und dann unter die Sauce ziehen.
Pro Person etwa 165 kcal und 10 g Fett.

Käse-Auflauf

200 g altbackenes Weißbrot · 3 Eier
1/2 l Milch · Salz · etwas Fett für die Form
120 g geriebener Käse · 10 g Paniermehl

Das Weißbrot in Scheiben schneiden. Die Eier trennen. Die Eigelbe mit der Milch und Salz schlagen und die Flüssigkeit über die Weißbrotscheiben gießen. Eine Auflaufform leicht einfetten. Wenn das Brot gut durchgezogen ist, die Scheiben aus der Milch heraus-

nehmen und in die gefettete Auflaufform füllen. Die übriggebliebene Milch mit 100 g geriebenem Käse vermischen. Die Eiklar mit 2 Eßlöffeln kaltem Wasser zu steifem Schnee schlagen und unterziehen. Die Masse über das Weißbrot gießen. Den Auflauf mit dem Paniermehl und dem restlichen Käse bestreuen und im Backofen in 30 bis 35 Minuten bei Mittelhitze goldbraun backen.
Pro Person etwa 345 kcal und 15 g Fett.

Hackbraten

$1^1/_2$ Brötchen · 100 g Zwiebeln
300 g Hackfleisch, halb und halb · 1 Ei
Salz · Pfeffer · 1 Banane · 30 g Margarine
15 g Mehl · $1^1/_2$ Eßl. Dosenmilch
20 g Currypulver

Die Brötchen einweichen und wieder ausdrücken. Die Zwiebeln schälen und reiben. Das Hackfleisch mit den Brötchen, den geriebenen Zwiebeln und dem Ei gut vermischen und die Masse mit Salz und Pfeffer pikant abschmecken. Die Banane schälen. Aus dem Teig einen Hackbraten formen und dabei die Banane in die Mitte geben. Die Margarine in der Pfanne erhitzen, den Braten von allen Seiten gut darin anbraten, dann in den Ofen schieben und bei starker Hitze etwa 30 Minuten braten. Sobald das Fett stark bräunt, etwas heißes Wasser zugießen. Den Braten herausnehmen und warmstellen.
Den Bratensatz mit 2 Tassen Wasser abkochen. Das Mehl mit der Dosenmilch verquirlen. Die Sauce mit der Mischung binden und noch 10 Minuten leicht kochen lassen. Mit Salz und Currypulver abschmecken. Braten und Sauce gesondert servieren.
Pro Person etwa 320 kcal und 20 g Fett.

Radieschensalat

30 g Öl · 2 Eßl. Essig · 1 Teel. Senf
2 Eßl. Ananassaft · Salz · 400 g Radieschen
40 g Kresse

Das Öl mit 2 Eßlöffeln Wasser, dem Essig, dem Senf, dem Ananassaft und Salz zu einer Marinade verrühren. Die Radieschen in Scheiben schneiden, mit der Kresse mischen und mit der Salatsauce vermengen. Den Salat sofort servieren.
Pro Person etwa 100 kcal und 8 g Fett.

Rhabarber-Auflauf

50 g Nüsse · 40 g Butter
200 g Zucker · 600 g Rhabarber
40 g Margarine · 1 Ei
1 Päckchen Vanillinzucker
30 g Stärkemehl · 125 g Mehl
1 gestrichener Teel. Backpulver
1 Prise Salz

Die Nüsse grob hacken. Die Butter in der Pfanne erhitzen. Die Nüsse und 75 g Zucker zu der Butter geben und unter Rühren zu Krokant rösten. Den Rhabarber gut waschen und in 2 cm lange Stücke schneiden – nicht abziehen. Eine feuerfeste Form leicht einfetten. Zuerst den Krokant und darauf den Rhabarber in die Form geben.
Die Margarine schaumig rühren. Den restlichen Zucker, das Ei, den Vanillinzucker, das Stärkemehl, das Mehl, das Backpulver und das Salz nach und nach zufügen und alles zu einem glatten Teig verrühren. Den Teig über den Rhabarber streichen. Den Auflauf im Ofen bei Mittelhitze in etwa 35 bis 40 Minuten goldgelb backen.
Pro Person etwa 620 kcal und 25 g Fett.

Ananas-Milchmix

$^1/_2$ l Milch · 100 g Ananasraspel oder -saft
Saft von 1 Zitrone

Die Milch etwa 1 Stunde kalt stellen. Die Ananasraspel oder den -saft mit dem Zitronensaft vermischen und ebensolange kalt stellen. Dann die Milch in den Mixer geben und die Ananasraspel langsam unterrühren. Falls nicht süß genug, mit Zucker abschmekken und sofort servieren.
Pro Person etwa 85 kcal (ohne Zucker) und 4 g Fett.

Gebundene Spargelsuppe

300 g Brechspargel · Salz · 1 Prise Zucker
20 g Margarine · 30 g Mehl · 1 Eigelb
1 Eßl. Sahne · gehackte Petersilie

Die Spargel waschen, dünn schälen und in 2 cm lange Stücke schneiden. 1 l Wasser mit Salz und dem Zucker zum Kochen bringen, die Spargelstücke einlegen und in etwa 20 Minuten garen. Dann die Margarine zerlassen, das Mehl darin hell schwitzen und nach und nach unter Rühren das Spargelwasser dazugießen. Die Suppe aufkochen und 10 Minuten schwach weiterkochen lassen. Das Eigelb mit der Sahne verquirlen und in die Suppe rühren. Die Spargelstückchen zufügen. Die Spargelsuppe mit Petersilie bestreut servieren.
Pro Person etwa 110 kcal und 6 g Fett.

Italienisches Nudelgericht

250 g Spaghetti · Salz · 100 g Zwiebeln
30 g Margarine · 60 g Tomatenmark
20 g Mehl · 10 g gekörnte Brühe
200 g Hackfleisch · Pfeffer
Paprikapulver
50 g geriebener Käse

Die Spaghetti in reichlich kochendes Salzwasser schütten und in 20 bis 30 Minuten garkochen. Die garen Spaghetti auf ein Sieb zum Abtropfen geben, mit lauwarmem Wasser übergießen und warm stellen.
Die Zwiebeln schälen und fein würfeln. Die Margarine in einem Topf zerlassen und die Zwiebelwürfel darin glasig werden lassen. Das Tomatenmark und das Mehl hineinrühren. Die gekörnte Brühe in $^1/_4$ l heißem Wasser lösen. Die Masse mit der Brühe auffüllen, kurz durchkochen lassen, das Hackfleisch einrühren und alles noch etwa 5 Minuten kochen. Dann mit Salz, Pfeffer und Paprikapulver abschmecken. Die Spaghetti bergartig auf einer tiefen Platte anrichten, die Sauce darübergießen. Den Berg mit dem geriebenen Käse bestreuen und anrichten.
Pro Person etwa 495 kcal und 19 g Fett.

Fruchtsülze

6 Blatt weiße Gelatine · $^1/_2$ l Johannisbeersaft
Saft von $^1/_2$ Zitrone · Zucker nach Geschmack
80 g Speisequark, mager
1 Päckchen Vanillinzucker

Die Gelatine mit $^1/_4$ l Johannisbeersaft einweichen, nach $^1/_4$ Stunde bei milder Hitze auflösen und zu dem restlichen Saft geben. Die Flüssigkeit mit dem Zitronensaft und Zucker abschmecken, in Portionsschälchen gießen und zum Steifwerden kalt stellen. Den Quark mit dem Vanillinzucker abschmecken und die Fruchtsülze damit garnieren.
Pro Person etwa 125 kcal und kein Fett.

Grapefruit-Müsli

2 Grapefruits
2 Eßl. Honig
200 g Vollkornhaferflocken
2 Eßl. grob gehackte Nüsse

Die Grapefruits heiß abwaschen und schälen. Das Fruchtfleisch in grobe Würfel schneiden. Den Honig mit $^1/_8$ l Wasser auflösen. Das Honigwasser und die Grapefruitstücke mit den Haferflocken vermischen. Das Müsli in Portionsschüsseln verteilen und mit den gehackten Nüssen bestreuen.
Pro Person etwa 300 kcal und 8 g Fett.

Schwäbische Brotsuppe

120 g Brotreste
40 g Margarine
$1^1/_4$ l Fleischbrühe
Salz
1 Prise geriebene Muskatnuß
1 Eigelb
1 Eßl. Dosenmilch
1 Eßl. geschnittener Schnittlauch

Das Brot in Würfel schneiden. Die Margarine in einem Topf erhitzen und die Brotwürfel darin rösten. $^3/_4$ l Fleischbrühe dazugießen und das Brot weich kochen. Dann die Brotmasse durch ein Sieb streichen, die restliche Brühe zufügen und die Suppe mit Salz und der Prise Muskatnuß abschmecken und gut durchkochen.
Die Brotsuppe von der Kochstelle nehmen. Das Eigelb mit der Dosenmilch und 2 Eßlöffeln Suppe verquirlen und unter die Suppe rühren. Die Brotsuppe mit dem Schnittlauch bestreuen und servieren.
Pro Person etwa 200 kcal und 8 g Fett.

Spinat-Omelette

1 kg frischer Spinat oder 250 g Tiefkühlspinat
50 g Zwiebel · 40 g Margarine · Salz
1 Prise geriebene Muskatnuß · 4 Eier

Den Spinat verlesen, gründlich waschen, etwas abtropfen lassen, noch naß in einen Topf geben und gar dünsten. Tiefgefrorenen Spinat nach Vorschrift auftauen. Die Zwiebel schälen und fein hacken. 15 g Margarine in einem anderen Topf erhitzen, die gehackte Zwiebel darin rösten, den gedünsteten Spinat dazugeben, erhitzen, mit Salz und Muskat abschmecken und warm stellen.
Die Eier mit 2 Eßlöffeln Wasser und Salz gut verquirlen. Etwas Margarine in der Pfanne heiß werden lassen und $^1/_4$ der Eimasse hineingießen. Die Pfanne mit einem Deckel verschließen. Die Omelette backen, bis die Masse geronnen und die untere Seite braun ist. Auf eine Hälfte der Omelette $^1/_4$ des Spinats streichen und die andere Hälfte darüberklappen. Die Omelette warm stellen und 3 weitere Omeletten ebenso bereiten.
Pro Person etwa 210 kcal und 14 g Fett.

Champignonsauce

30 g Margarine
40 g Mehl · $^1/_8$ l Milch
1 Teel. gekörnte Brühe
230 g Champignons aus der Dose
Salz

Die Margarine in einem Topf zerlassen, das Mehl zufügen und unter Rühren hellgelb schwitzen. Nach und nach $^3/_8$ l Wasser – das Pilzwasser aus der Dose dazu – und die Milch mit der gekörnten Brühe unter Rühren dazugießen. Die Sauce weiterrühren und etwa 10

Minuten kochen lassen. Die Pilze fein hacken und zur Sauce geben. Diese nochmals kurz durchkochen lassen und mit Salz abschmekken.
Pro Person etwa 125 kcal und 7 g Fett.

Quark-Wein-Creme

2 Eier · 40 g Stärkemehl · 40 g Zucker
1/2 l Weißwein · 150 g Quark
1 Eßl. Himbeergelee

Die Eier trennen. Die Eigelbe mit dem Stärkemehl, dem Zucker und 1/8 l Wein verrühren. Den restlichen Wein zum Kochen bringen, die angerührte Masse unter ständigem Rühren hinzugeben und aufkochen lassen. Die Creme abkühlen lassen und während des Abkühlens öfter umrühren, damit sich keine Haut bildet. Den Quark cremig schlagen. Die Weincreme und den Quark miteinander vermischen. Die Eiklar mit 1 Eßlöffel kaltem Wasser zu steifem Schnee schlagen und den Eischnee unterheben. Die Creme in eine Glasschüssel füllen und vor dem Anrichten mit dem Himbeergelee garnieren.
Pro Person etwa 245 kcal und 3 g Fett.

Gründonnerstag-Kringel (10 Portionen)

500 g Mehl · 20 g Hefe · knapp 1/4 l Milch
100 g Zucker · 40 g Butter oder Margarine
1 Eßl. Rum · 150 g Rosinen und Korinthen
etwas Fett für die Form · 1 Ei

Alle Zutaten müssen warm sein. Das Mehl in eine Schüssel sieben, in die Mitte eine Vertiefung drücken, die Hefe hineinbröckeln, diese mit 1/8 l warmer Milch übergießen, 1 Eßlöffel Zucker dazugeben und Mehl darüberstäuben. Den restlichen Zucker auf den Mehlrand streuen. Die Schüssel warm stellen und das »Hefestück« zugedeckt gehen lassen, bis die Oberfläche rissig wird.
Die Butter oder Margarine zerlassen. Das Hefestück mit der restlichen Milch, dem Mehl und zuletzt mit der zerlassenen Butter und dem Rum verrühren. Den Teig mit einem Löffel oder mit den Händen durchkneten, bis er seidig aussieht und sich von Löffel oder Hand löst. Erst dann die Rosinen und Korinthen einkneten. Den Teig zu einem Kranz oder »Kringel« formen. Ein Backblech einfetten und den Kringel darauflegen. Das Ei mit 1/2 Eßlöffel Wasser leicht schlagen, den Kringel damit bestreichen und im Ofen bei Mittelhitze etwa 40 Minuten backen.
Pro Portion etwa 290 kcal und 5 g Fett.

Schweizer Wurstsalat

Essig · Salz · Pfeffer · 1 Teel. Senf
1 Eßl. Öl · 300 g Fleischwurst · 250 g Äpfel
200 g Schnittkäse (30 % Fett i. T.)
100 g Zwiebeln

Aus 1/8 l Wasser, Essig, Salz, Pfeffer, dem Senf und dem Öl eine Marinade bereiten. Von der Fleischwurst die Haut abziehen und die Wurst in dünne Scheiben schneiden. Die Äpfel waschen, schälen, vom Kerngehäuse befreien und sie ebenso wie den Käse in feine Streifen schneiden. Die Zwiebeln schälen, halbieren und in feine Scheiben schneiden. Die Wurst- und Zwiebelscheiben und die Apfel- und Käsestreifen in einer Schüssel mit der Marinade vermengen, nochmals abschmecken und den Salat 1/2 Stunde durchziehen lassen.
Pro Person etwa 450 kcal und 28 g Fett.

Mokkamilch

$^1/_2$ l Milch
50 g Kaffeesahne
1 gestrichener Eßl. Pulverkaffee
1 gestrichener Eßl. Kakao
40 g Zucker

Die Milch und die Sahne vermischen. In der Flüssigkeit den Kaffee, den Kakao und den Zucker auflösen. Die Mokkamilch $^1/_2$ Stunde kalt stellen.
Pro Person etwa 150 kcal und 6 g Fett.

Kräuterfilet

500 g Seelachsfilet · Essig · Salz
50 g Zwiebel · Schnittlauch
Dill · Petersilie
100 g saure Sahne
abgeriebene Schale von 1 Zitrone (chemisch nicht behandelt)
Pfeffer · Paprikapulver
30 g Margarine

Das Fischfilet säubern, $^1/_3$ des Filets abschneiden und sehr fein hacken. Die restlichen $^2/_3$ des Filets mit Essig säuern und salzen.
Die Zwiebel schälen und sehr fein würfeln. Die Kräuter verlesen, waschen und fein hakken. Den gehackten Fisch mit der sauren Sahne, den Zwiebelwürfeln, den Kräutern, der Zitronenschale, Salz, Pfeffer und Paprikapulver vermengen. Eine feuerfeste Form leicht ausfetten, das Fischfilet hineinlegen, mit der Kräutermasse bestreichen und mit Margarineflöckchen belegen. Die Form mit einem Deckel oder mit Folie zudecken und das Gericht im Ofen bei Mittelhitze etwa 20 Minuten garen.
Pro Person etwa 200 kcal und 10 g Fett.

Tomatenreis I

50 g Zwiebel · 20 g Margarine · 250 g Reis
1 Teel. gekörnte Brühe · 40 g Tomatenmark
$^1/_2$ Teel. Salz

Die Zwiebel schälen und in sehr kleine Würfel schneiden. Die Margarine in einem Topf erhitzen und die Zwiebelwürfel und den Reis in dem Fett goldgelb rösten. Knapp $^3/_4$ l Wasser mit der gekörnten Brühe, dem Tomatenmark und dem Salz aufkochen und über den Reis gießen. Den Topf schließen und den Reis bei schwacher Hitze auf dem Herd oder bei Mittelhitze im Backofen etwa 20 bis 25 Minuten quellen lassen. Die Flüssigkeit muß ganz aufgenommen werden.
Pro Person etwa 275 kcal und 5 g Fett.

Rhabarberkompott

500 g Rhabarber · 175 g Zucker

Den Rhabarber waschen und dicke Stangen der Länge nach teilen. Alle Stangen in 2 cm lange Stücke schneiden. Die Stücke in eine Schale legen, mit dem Zucker bestreuen und zugedeckt stehenlassen, bis Saft gezogen ist. 1 Tasse Wasser zum Kochen bringen, die Rhabarberstücke hineingeben, aufkochen lassen und weich dünsten. Der Rhabarber darf aber nicht zerfallen. Das fertige Kompott erkalten lassen.
Pro Person etwa 170 kcal und kein Fett.

Orangentorte (ergibt 8–10 Portionen)

3 Eier · 150 g Zucker · 60 g Mehl
60 g Stärkemehl · etwas Fett für die Form
Saft von 4 Orangen · Saft von 1 Zitrone
40 g Puderzucker

Die Eier trennen. Die Eigelbe mit 3 Eßlöffeln heißem Wasser und der Hälfte des Zuckers sehr schaumig schlagen. Die Eiklar mit dem restlichen Zucker und 2 Eßlöffeln kaltem Wasser zu steifem Schnee schlagen und den Eischnee unter die Schaummasse ziehen. Dann das Mehl und das Stärkemehl überstäuben und daruntermengen. Von einer Springform nur den Boden einfetten, den Teig einfüllen und den Kuchen im Ofen 20 bis 25 Minuten bei Mittelhitze backen.
Den Orangen- und Zitronensaft vermischen, erwärmen und mit 30 g Puderzucker süßen. Nach dem Backen den Springformrand lösen, den Kuchen mehrmals mit einer Gabel einstechen und den Saft daraufträufeln. Wenn der Saft eingezogen ist, die Torte mit dem restlichen Puderzucker bestäuben.
Pro Portion etwa 220 kcal und 3 g Fett.

Spargel-Eier-Salat

750 g frischer Spargel oder 500 g Spargel aus der Dose
Salz · 1 Prise Zucker · 4 Eier
150 g Speisequark, mager · 2 Becher Joghurt
30 g Mayonnaise (Fertigprodukt)
Zitronensaft · Salz · 2 Teel. Senf · Pfeffer
edelsüßes Paprikapulver

Den frischen Spargel waschen, schälen und in 6 cm lange Stücke schneiden. $^{3}/_{8}$ l Wasser mit Salz und dem Zucker zum Kochen bringen, die Spargelstücke darin etwa 30 Minuten kochen lassen und dann auf ein Sieb zum Abtropfen geben. Die Eier hart kochen, kalt abschrecken, schälen und in Scheiben schneiden. Beides abkühlen lassen.
Den Quark mit dem Joghurt und der Mayonnaise verrühren, mit Zitronensaft, Salz, dem Senf und Pfeffer pikant abschmecken. Die Spargelstücke und die Eischeiben auf einer tiefen Platte anrichten und die Sauce darübergießen. Den Salat $^{1}/_{2}$ Stunde durchziehen lassen und vor dem Anrichten mit Paprikapulver bestreuen.
Pro Person etwa 275 kcal und 16 g Fett.

Gekochtes Rindfleisch

750 g mageres Rindfleisch zum Kochen (mit Knochen)
Salz · 100 g Suppengrün · 100 g Zwiebeln
1 Lorbeerblatt · 1 Eßl. gehackte Petersilie

Das Rindfleisch kurz waschen und mit einem starken Faden fest zusammenbinden; es läßt sich dann besser schneiden. $1^{1}/_{2}$ l Wasser salzen, mit den Knochen aufsetzen und diese 1 Stunde kochen lassen. Dann das Fleisch dazugeben und 1 weitere Stunde leicht sieden lassen. Das Suppengrün waschen und in kleine Stücke schneiden. Die Zwiebeln schälen und in Scheiben schneiden. Nach 1 Stunde das Suppengrün, die Zwiebelscheiben und das Lorbeerblatt zum Fleisch geben und alles noch etwa 20 Minuten kochen lassen. Das Fleisch herausnehmen, in Scheiben schneiden und vor dem Servieren mit etwas Brühe übergießen.

Rinderbouillon

Rinderbrühe vom gekochten Rindfleisch
1 Eßl. gehackte Petersilie

Die Knochen und das Lorbeerblatt aus der Brühe nehmen. Die Brühe mit Petersilie bestreuen und anrichten.
Bouillon und Rindfleisch enthalten zusammen pro Person etwa 340 kcal und 20 g Fett.

Grüne Sauce

150 g Speisequark, mager
1 1/2 Becher Joghurt · 150 g Milch
100 g saure Sahne · Salz · Essig
1 Prise Zucker
mindestens 7 verschiedene Kräuter (Schnittlauch, Dill, Petersilie, Pimpernell, Zitronenmelisse, Sauerampfer, Meerrettich)
2 Eier

Den Quark, den Joghurt, die Milch und die Sahne zu einer glatten Sauce verrühren und diese mit Salz, Essig und dem Zucker pikant abschmecken. Die Kräuter verlesen, sorgfältig waschen und fein hacken. Die Eier etwa 8 Minuten kochen, kalt abschrecken, schälen und grob hacken. Die Kräuter und die gehackten Eier in die Sauce rühren und alles nochmals abschmecken.
Pro Person etwa 210 kcal und 10 g Fett.

Mandeltorte (ergibt 10 Portionen)

150 g Margarine · 200 g Zucker · 3 Eier
abgeriebene Schale von 1 Zitrone (chemisch nicht behandelt)
200 g Mandeln · 300 g Mehl
1 gestrichener Teel. Backpulver
etwas Fett für die Form
300 g Johannisbeergelee · 1 Eigelb
1 Eßl. Milch

Die Margarine, den Zucker, die 3 Eier und die Zitronenschale miteinander schaumig rühren. Die Mandeln brühen und die Schale abziehen. Die Mandeln trocknen lassen und reiben. Das Mehl mit dem Backpulver sieben und zusammen mit den geriebenen Mandeln nach und nach unter den Teig rühren. Eine Springform ausfetten und gut die Hälfte des Teiges einfüllen. Das Johannisbeergelee glattrühren und auf den Teig verteilen. Den restlichen Teig zu dünnen Rollen formen und diese als Gitter über den Kuchen legen. Das Eigelb mit der Milch schlagen und das Gitter damit bestreichen. Den Kuchen im Ofen bei Mittelhitze in etwa 1 Stunde goldgelb backen.
Pro Portion etwa 545 kcal und 15 g Fett.

Pikante Apfelsauce

50 g Mayonnaise (Fertigprodukt)
1/2 Becher Joghurt · 150 g Apfelmus
1 Eßl. geriebener Meerrettich · 1/2 Teel. Senf
Saft von 1 Zitrone · 1 Eßl. Preiselbeerkompott
Salz · 1 Prise Zucker

Die Mayonnaise mit dem Joghurt, dem Apfelmus, dem Meerrettich, dem Senf, dem Zitronensaft und dem Preiselbeerkompott glattrühren. Die Apfelsauce mit Salz und dem Zucker abschmecken.
Pro Person etwa 165 kcal und 14 g Fett.

Überbackenes Weißbrot

5 g Margarine · 6 Scheiben Weißbrot (250 g)
5 Scheiben Käse (200 g, 40 % Fett i. T.)
1/2 l Milch · 3 Eier · Salz
geriebene Muskatnuß
20 g geriebener Parmesankäse

Eine Auflaufform mit der Margarine einfetten. Die Weißbrot- und Käsescheiben ziegelartig einschichten. Die Milch mit den Eiern, den Gewürzen und dem Parmesankäse verquirlen, pikant abschmecken und über die Weißbrot- und Käsescheiben gießen. Das Ganze im Ofen bei Mittelhitze in etwa 25 Minuten fest und goldbraun werden lassen.
Pro Person etwa 335 kcal und 15 g Fett.

Gespickte Lammkeule (12–15 Portionen)

1 Lammkeule von 2–3 kg · 150 g Zwiebeln
2 Eßl. feingehackte Petersilie
1 Messerspitze Knoblauchpulver
1 Eßl. Tomatenmark · 100 g Möhren
10 g Mehl · 1 Becher Joghurt · Salz · Pfeffer

Die Lammkeule abwaschen. Die Zwiebeln schälen, sehr fein hacken und die Hälfte mit der Petersilie, dem Knoblauchpulver und dem Tomatenmark zu einer Paste verrühren. Den Backofen vorheizen. Mit einem breiten, scharfen Messer in die Lammkeule stechen, am Messer entlang die entstehende Öffnung mit Paste füllen und das Messer dann vorsichtig herausziehen. Dieses »Spicken« im Abstand von 2 bis 3 cm wiederholen. Die Lammkeule in eine Bratpfanne legen, mit $^3/_8$ l kochendem Wasser begießen und im vorgeheizten Ofen bei starker Hitze braten. Wenn das Wasser verdampft ist, die restlichen gehackten Zwiebeln und die ganzen Möhren dazugeben. Das Fleisch im eigenen Saft weiterbraten lassen, evtl. etwas kochendes Wasser zugeben. Das Fleisch muß 1 Stunde braten. Die Sauce danach in einem Topf mit Wasser auf $^1/_2$ l auffüllen. Mehl und Joghurt verrühren. Die Sauce mit der Mischung binden und mit Salz und Pfeffer abschmecken.
Pro Portion etwa 370 kcal und 25 g Fett.

Gegrillte Tomaten

400 g kleine Tomaten · $^1/_2$ Eßl. Öl

Den Grill vorheizen. Die Tomaten auf der Oberseite kreuzweise einritzen, leicht mit Öl bepinseln, unter den vorgeheizten Grill schieben und etwa 3 bis 4 Minuten grillen.
Pro Person etwa 40 kcal und 3 g Fett.

Vanilleeis mit warmer Schokoladensauce

50 g zartbittere Schokolade
1 gestrichener Eßl. Stärkemehl
Zucker nach Geschmack
1 Packung Vanilleeis (250 g)

Die Schokolade in $^3/_8$ l Wasser erhitzen, bis sie sich aufgelöst hat. Das Stärkemehl mit wenig Wasser verrühren und zur Sauce geben. Die Sauce einmal aufkochen lassen, mit Zucker abschmecken und heiß zu dem Vanilleeis servieren.
Pro Person etwa 140 kcal und 10 g Fett.

Bunte Ostereierplatte

1 Kopf Salat · Saft von 1 Zitrone
100 g Kresse · 4 hartgekochte, gefärbte Eier
250 g Radieschen · 250 g Tomaten
100 g eingelegte Perlzwiebeln
100 g eingelegte kleine Maiskolben
4 Scheiben kalter Lammbraten (200 g)

Von dem Salatkopf die Blätter vorsichtig ablösen und waschen. Eine Platte mit den Salatblättern auslegen und den Zitronensaft darüberträufeln. Die Kresse gut waschen und in die Mitte legen. Auf die Kresse die bunten Eier stellen und alle anderen Zutaten gefällig um die Eier herum anrichten.
Pro Person etwa 235 kcal und 17 g Fett.

Mai

Nach dem oft noch kalten und unfreundlichen April kommt nun mit dem Mai unaufhaltsam der Frühling. Auch der Städter genießt die Sonnenstrahlen, so gut er kann, bei einem Sonnenbad in der Arbeitspause oder beim Spaziergang. Zwei Festtage fallen meist in diesen Monat, das Pfingstfest und der Muttertag. Duftende Kuchen und köstliche, nahrhafte Gerichte aus Obst, Gemüse und Fleisch werden bereitet, denn Festtage lassen sich kaum ohne Festschmaus denken. Man kann die schönen Stunden dann noch mit einer Bowle krönen, denn der Waldmeister grünt, und ehe er blüht, wird sein Aroma gern dazu verwendet.

Was bietet der Monat der Küche? Die Spargelzeit ist gekommen. Frühmöhren und Kohlrabi sind so zart, daß sie schon beim Putzen »verputzt« werden. Radieschen schmecken auf Frühlingsbrot. Das Angebot an frischem Rhabarber ist jetzt besonders reichlich, und es gibt schon grüne Stachelbeeren. In manchen Gegenden bereitet man auch aus Rübstiel einen schmackhaften Eintopf. Wie gut schmeckt jetzt nach dem Weideauftrieb frische Milch; und frische Butter sieht so gelb wie die Butterblumen aus, die die Kühe fressen. Quark wird mit Kräutern zum Genuß, und auch die ersten, allerdings noch recht teuren Erdbeeren leuchten uns schon verlockend an.

Wenn man heute auch fast zu jeder Jahreszeit, an jedem Ort jedes Nahrungsmittel kaufen kann, sollte das der Jahreszeit entsprechende und also preiswert Angebotene doch beachtet werden. Erdbeeren im Dezember sind zwar etwas Besonderes, aber sie sind zu teuer bezahlt, zumal dann auch das Aroma zu wünschen übrig läßt. Es ist also wohl ratsam, damit zu warten, bis die heimischen Gärten sie billiger auf den Markt bringen. Eine andere »goldene« Regel für den Einkauf ist, nur frische Ware auszuwählen. Was nützen niedrige Preise, wenn dann viel Abfall in den Mülleimer wandert? Dagegen können Sonderangebote oder »Schwemmen« den Küchenzettel ebenso bereichern wie Fertiggerichte oder Tiefkühlkost. Die Hausfrau muß nur richtig planen und die Zusammenstellung der Mahlzeiten auf das Bedürfnis abstimmen. Jeden Monat ist das Angebot groß genug, um sich gesund und auf die Linie bedacht ernähren zu können. Trotzdem kann man dabei genießen!

	Mittagessen	Abendessen
MONTAG	Sauerampfersuppe mit Eierstich · Hammelragout Bunter Tomatenteller *(Menü pro Person etwa 815 kcal und 37 g Fett)*	Stachelbeergrütze mit Vanillemilch Brot · Butter/Margarine Aufschnitt
DIENSTAG	Milchmix mit Bananen Spargelgemüse auf fläm. Art gekochter Schinken Kartoffeln mit Petersilie *(etwa 780 kcal und 25 g Fett)*	Bunter Risotto Kopfsalat Brot · Butter/Margarine grüne Gurkenscheiben
MITTWOCH	Herz pikant · Butternudeln Milchgelee mit Kirschen *(etwa 720 kcal und 25 g Fett)*	Blumenkohlsalat Brot · Butter/Margarine kalte Zunge
DONNERSTAG	Tomatensuppe Verlorene Eier auf grünen Sahnekartoffeln · Mixpickles *(etwa 695 kcal und 27 g Fett)*	Bauernteller Brot Pikanter Joghurt-Becher
FREITAG	Kohlrabigemüse Kartoffelbällchen Kompott aus frischen grünen Stachelbeeren *(etwa 645 kcal und 29 g Fett)*	Gefüllte Tomaten I Brot Butter/Margarine Käse
SAMSTAG	Karotten-Orangen-Flip Käserand mit Erbsen *(etwa 590 kcal und 30 g Fett)*	Rhabarber-Baiser-Kuchen (für den Nachmittag) Frühlingsschnitte · Brot Butter/Margarine · Aufschnitt
SONNTAG	Milchmix mit Erdbeeren Stangenspargel mit Butter Schnitzel natur · Kartoffeln Waldmeistergelee *(etwa 895 kcal und 33 g Fett)* (Bild Seite 67)	Spargelsud mit Weißbrot Thunfischsalat Toast · Brot Butter/Margarine Radieschen

Sauerampfersuppe mit Eierstich

500 g Sauerampfer · 20 g Margarine
30 g Mehl · ½ Becher Joghurt · Salz
Zucker · 10 g gekörnte Brühe · 1 Ei
1 Eßl. Milch · 1 Prise Muskatnuß · ½ Teel. Öl

Den Sauerampfer gründlich waschen und grob schneiden. Die Margarine in einem Topf erhitzen und den Sauerampfer darin andünsten, mit 1 l kochendem Wasser auffüllen und etwa 15 Minuten dünsten. Den gedünsteten Sauerampfer auf einem Sieb abtropfen lassen, durch den Fleischwolf drehen und mit der Kochbrühe wieder in den Topf geben. Das Mehl mit dem Joghurt glattrühren, die Suppe damit binden, etwa 10 Minuten kochen lassen und mit Salz, Zucker und der gekörnten Brühe abschmecken.
Das Ei mit der Milch, Salz und dem Muskat leicht schlagen. Eine Tasse mit dem Öl ausstreichen, die Eimasse einfüllen und im Wasserbad zugedeckt stocken lassen. Die Masse selbst darf nicht kochen. Den Eierstich auf ein Brett stürzen, in kleine Würfel schneiden und die Würfel in die Suppe geben.
Pro Person etwa 160 kcal und 7 g Fett.

Hammelragout

750 g Hammelschulter (400 g reines Fleisch)
Salz · Pfeffer · 1 Prise Zucker
30 g Margarine · 30 g Mehl · 1 Lorbeerblatt
1 Bund Petersilie · 1 kg Kartoffeln
250 g kleine Zwiebeln
300 g Erbsen aus der Tiefkühltruhe

Das Hammelfleisch in kleine Stücke schneiden. Salz, Pfeffer und den Zucker miteinander mischen und die Fleischstücke mit der Mischung würzen. Die Margarine in einem Topf erhitzen, die Fleischstücke hineingeben und darin von allen Seiten bräunen. Das Mehl darüberstäuben und das Fleisch unter Rühren 5 bis 6 Minuten weiterbraten, bis das Mehl hellbraun ist. Das Lorbeerblatt, die Hälfte der Petersilie, unzerkleinert, und ¼ bis ½ l heißes Wasser zufügen und gut umrühren, damit das Mehl zergeht. 1 Stunde leicht kochen.
Inzwischen die Kartoffeln und die Zwiebeln schälen, die Kartoffeln in Viertel schneiden. Die Kartoffelstücke und die ganzen Zwiebeln zu dem Fleisch geben und das Ragout weitere 30 Minuten kochen. Dann die unaufgetauten Erbsen dazugeben und noch etwa 8 Minuten mitkochen. Das Hammelragout mit Salz abschmecken. Die restliche Petersilie hacken, über das Ragout streuen und servieren.
Pro Person etwa 590 kcal und 27 g Fett.

Bunter Tomatenteller

1 Kopf Salat · 300 g Tomaten
50 g Zwiebel · 2 Eßl. Essig · 1 Eßl. Öl
Salz · Pfeffer · 1 Prise Zucker
1 Teel. geschnittener Schnittlauch

Den Salatkopf von den schlechten Blättern befreien und zerteilen. Die Blätter waschen, abtropfen lassen und auf vier Teller verteilen. Die Tomaten waschen, in Scheiben schneiden und die Scheiben auf den Salatblättern anrichten. Die Zwiebel schälen, in sehr dünne Ringe schneiden und die Zwiebelringe über die Tomatenscheiben legen. Aus dem Essig, dem Öl, 2 Eßlöffeln Wasser, den Gewürzen und dem Schnittlauch eine pikante Marinade herstellen, diese über den Salat verteilen und sofort servieren.
Pro Person etwa 45 kcal und 4 g Fett.

Stachelbeergrütze

250 g Stachelbeeren
1 Päckchen Vanillinzucker · 70 g Zucker
50 g Stärkemehl

Die Stachelbeeren waschen, putzen und mit etwa $^1/_8$ l Wasser, dem Vanillinzucker und dem Zucker weich kochen. Das Stärkemehl mit etwa $^1/_8$ l Wasser anrühren, die Flüssigkeit unter Rühren in die Stachelbeeren gießen und 1 Minute kochen lassen. Eine Schüssel kalt ausspülen, die Grütze einfüllen und kalt stellen. Nach dem Erkalten stürzen und mit Vanille-Milch (siehe unten) servieren.

Vanillemilch

1 l Milch · 2 Päckchen Vanillinzucker
30 g Zucker

Die Milch mit dem Vanillinzucker und dem Zucker verrühren, bis beide Zuckersorten zergangen sind. Dann das Getränk etwa $^1/_2$ Stunde kaltstellen. Zur Stachelbeergrütze (siehe oben) servieren.
Stachelbeergrütze und Vanillemilch zusammen pro Person etwa 210 kcal und 8 g Fett.

Milchmix mit Bananen oder Erdbeeren

250 g Bananen oder 150 g Erdbeeren
80 g Zucker (bei Erdbeeren 30 g)
Saft von 1 Zitrone · $^1/_2$ l Milch

Die Bananen schälen, dann mit einer Gabel zerdrücken und dabei den Zucker und den Zitronensaft dazugeben. Den Bananenbrei unter Rühren in die Milch geben, abschmekken und sofort servieren.

Anmerkung: Die Milch und die Geschmackszutaten müssen dieselbe Temperatur haben und möglichst kalt sein. Bei Milchmixgetränken müssen immer die Zutaten in die Milch gegeben werden und nicht die Milch in die Zutaten. (Bild Seite 67)
Pro Person mit Bananen etwa 195 kcal und 3 g Fett, mit Erdbeeren 120 kcal und 3 g Fett.

Spargelgemüse auf flämische Art

1 kg frischer Spargel · $^1/_2$ Teel. Salz
1 Prise Zucker · 4 Eier
30 g Margarine
25 g Mehl · 10 g gekörnte Brühe
Saft von $^1/_2$ Zitrone
200 g gekochter Schinken im Stück

Den Spargel waschen, schälen und in 6 cm lange Stücke schneiden. $^3/_8$ l Wasser mit dem Salz und dem Zucker zum Kochen bringen. Den Spargel einlegen und bei fest geschlossenem Topf etwa 25 Minuten kochen. Zum Abtropfen auf ein Sieb geben und die Kochbrühe aufbewahren.
Inzwischen die Eier hart kochen und abschrecken, schälen und grob hacken. Die Margarine in einem Topf zerlassen, das Mehl dazugeben und unter Rühren hellgelb schwitzen. Die Spargelbrühe mit Wasser auf $^1/_2$ l auffüllen und die gekörnte Brühe darin auflösen. Mit der Flüssigkeit die Mehlschwitze unter Rühren ablöschen und 10 Minuten kochen lassen. Mit dem Zitronensaft, Salz und Zucker abschmecken. Die Spargel- und die Eierstücke in die Sauce geben und leicht unterrühren. Den Schinken in Würfel schneiden, die Würfel über das Gemüse verteilen und servieren.
Pro Person etwa 380 kcal und 22 g Fett.

Bunter Risotto

50 g Zwiebel · 1 Eßl. Öl
200 g Rinderhackfleisch · 150 g Möhren
150 g Sellerie · 250 g Reis
10 g gekörnte Brühe
1 Eßl. geschnittener Schnittlauch

Die Zwiebel schälen und fein würfeln. Das Öl in einem Topf erhitzen, erst die Zwiebelwürfel und dann das Rinderhackfleisch zugeben und beides darin dünsten. Die Möhren und den Sellerie putzen und in kleine Würfel schneiden. Die Würfel mit dem Reis zu dem Fleisch geben und ebenfalls dünsten. In $^3/_4$ l kochendem Wasser die gekörnte Brühe auflösen und das Reisgemüse damit auffüllen. Den Topf fest zudecken und das Gericht bei schwacher Hitze auf dem Herd oder im Ofen in etwa 20 Minuten gar quellen lassen. Mit dem Schnittlauch bestreuen und servieren.
Pro Person etwa 385 kcal und 13 g Fett.

Herz auf pikante Art

100 g Möhren · 100 g Porree · 100 g Sellerie
500 g Kalbs- oder Rinderherz · Salz
100 g Zwiebeln · 50 g Margarine
30 g Tomatenmark · 60 g Mehl · 500 g Äpfel
1 Teel. gekörnte Brühe · Currypulver

Die Möhren, den Porree und den Sellerie waschen, putzen und in kleine Stücke schneiden. Das Herz und das Gemüse in kochendes Salzwasser geben und gar kochen. Kalbsherz benötigt etwa $1^1/_4$, Rinderherz braucht etwa 2 Stunden.
Die Zwiebeln schälen und würfeln. Die Margarine in einem Topf erhitzen und die Zwiebelwürfel darin glasig dünsten. Das Tomatenmark dazugeben, das Mehl darüberstäuben, gut durchschwitzen und langsam unter Rühren mit $^3/_4$ l Herzbrühe auffüllen. Die Äpfel schälen und in Scheiben schneiden. Die Scheiben an die Sauce geben und beides etwa 5 Minuten durchkochen. Das Herz in Würfel schneiden, dazugeben und mit Salz, der gekörnten Brühe und Currypulver pikant abschmecken.
Pro Person etwa 340 kcal und 16 g Fett.

Butternudeln

Salz · 200 g Bandnudeln · 25 g Butter

Die Nudeln nach Vorschrift bereiten und in der Butter schwenken.
Pro Person etwa 245 kcal und 7 g Fett.

Milchgelee mit Kirschen

1 Päckchen Gelatinepulver · $^1/_4$ l Milch
40 g Zucker · 1 Prise Salz
abgeriebene Schale von $^1/_2$ Zitrone
(chemisch nicht behandelt)
$^1/_4$ l Kirschsaft
150 g Kirschen aus dem Glas

Das Gelatinepulver nach Vorschrift auflösen. Die Milch mit dem Zucker, dem Salz und der abgeriebenen Zitronenschale vermischen und unter kräftigem Schlagen den Kirschsaft dazugeben. Weiter rühren und die vorbereitete, aufgelöste Gelatine hineingeben. Wenn das Gelee anfängt, dick zu werden, die Kirschen unterziehen; einige Kirschen für die Dekoration zurückbehalten. Die Masse in eine Glasschüssel füllen und zum völligen Erstarren kalt stellen. Das Gelee mit den restlichen Kirschen garnieren.
Pro Person etwa 135 kcal und 2 g Fett.

Blumenkohlsalat

500 g Blumenkohl
200 g feine grüne Bohnen
50 g Öl · 2 Eßl. Zitronensaft
1 Prise Zucker · Pfeffer · Salz
1 Eßl. gehackte Kräuter · 50 g Zwiebel
150 g kleine Tomaten

Den Blumenkohl und die Bohnen waschen. Von den Bohnen die Fäden abziehen und die Bohnen in 4 cm lange Stücke brechen. 2 Tassen Wasser zum Kochen bringen und beide Gemüse etwa 15 Minuten darin dünsten. Dann auf ein Sieb zum Abtropfen geben und das Gemüsewasser aufbewahren.
Aus dem Öl, dem Zitronensaft, 3 Eßlöffeln Gemüsewasser, dem Zucker, Pfeffer, Salz und den gehackten Kräutern eine Salatsauce bereiten. Die Zwiebel schälen und in feine Würfel schneiden. Den Blumenkohl in Röschen teilen. Die Blumenkohlröschen, die Bohnen und die Zwiebeln zur Salatsauce geben und alles vorsichtig vermengen. Die Tomaten in Achtel schneiden und unter den Salat geben. Abschmecken und etwa 1 Stunde durchziehen lassen.
Pro Person etwa 170 kcal und 15 g Fett.

Tomatensuppe mit Brotbröckchen

400 g Tomaten · 50 g Zwiebeln
30 g Margarine · 30 g Mehl
10 g gekörnte Brühe
Salz · 1 Prise Zucker
100 g Weißbrot · 1½ Eßl. Öl

Die Tomaten klein schneiden, die Zwiebeln schälen und in kleine Stücke schneiden. Die Tomaten- und Zwiebelstücke mit wenig Wasser gar kochen und durch ein Sieb streichen. Die Masse mit Wasser auf 1 l auffüllen. Die Margarine in einem Topf erhitzen, das Mehl unter Rühren dazugeben und hellgelb schwitzen. Die Mehlschwitze unter Weiterrühren mit der Tomatenflüssigkeit auffüllen und etwa 10 Minuten kochen lassen. Mit der gekörnten Brühe, Salz und dem Zucker abschmecken.
Das Weißbrot in Würfel schneiden und die Brotwürfel in dem Öl braun rösten. Diese Brotbröckchen gesondert servieren, damit sie nicht weich werden.
Pro Person etwa 230 kcal und 11 g Fett.

Verlorene Eier

3 Eßl. Essig · 4 Eier

1 l Wasser mit dem Essig zum Kochen bringen. Die Eier einzeln in eine Suppenkelle aufschlagen und schnell in das kochende Wasser gleiten lassen. 4 Minuten kochen lassen. Die fertigen Eier mit einer Schaumkelle herausnehmen und auf den Sahnekartoffeln (nächstes Rezept) anrichten.
Pro Person etwa 84 kcal und 6 g Fett.

Grüne Sahnekartoffeln

1 kg gekochte Pellkartoffeln
30 g Margarine · 30 g Mehl · $^3/_8$ l Milch
$^1/_8$ l saure Sahne · Salz · Pfeffer
geriebene Muskatnuß
1 Teel. gekörnte Brühe
30 g gehackte Kräuter (Petersilie, Dill, Schnittlauch)

Die Pellkartoffeln schälen und in dicke Scheiben schneiden. Die Margarine erhitzen, das Mehl dazugeben und anschwitzen. Die Mehl-

Dies ist ein richtiges Schlemmermenü, das wir im Mai-Speiseplan auf Seite 62 am Sonntag Mittag finden. Als Vorspeise gibt es einen erfrischenden Milchmix mit Erdbeeren. Dann folgen Stangenspargel mit Butter, Schnitzel natur und neue Kartoffeln. Zum Dessert wird ein Waldmeistergelee serviert. Die Rezepte finden Sie auf Seite 64, 71, 72. Die Mengen auf dem Bild gelten bei Vorspeise und Dessert für zwei, beim Hauptgericht für vier Personen.

Wenn wir auch zu jeder Jahreszeit fast alle Lebensmittel überall kaufen können, so sollten wir doch den jahreszeitlichen Rhythmus bei unserer Speisenauswahl beachten. In einem so verschwenderischen Frühlingsmonat wie dem Mai ist dieser Rat natürlich besonders leicht zu befolgen.

schwitze mit der Milch auffüllen und die Sauce 10 Minuten kochen lassen. Dabei öfter umrühren, damit sie nicht anbrennt. Die Kartoffelscheiben und die saure Sahne unter die Sauce mengen und alles nochmals kurz aufkochen. Mit Salz, Pfeffer, Muskat und der gekörnten Brühe abschmecken, kurz nachziehen lassen und die Kräuter unterrühren. Die Sahnekartoffeln in eine Schüssel füllen und die verlorenen Eier (siehe Seite 66) darauf anrichten.
Pro Person etwa 355 kcal und 10 g Fett.

Bauernteller

4 Scheiben gekochter Schinken (je 30 g)
80 g Leberwurst · 80 g Fleischwurst
2 hartgekochte, geschälte Eier · Radieschen
grüne Gurkenscheiben

Den Schinken und die Wurst auf 4 Holztellern gefällig anrichten. Die Eier halbieren und die Teller mit je 1 Eihälfte, mit Radieschen und Gurkenscheiben garnieren.
Pro Person etwa 325 kcal und 26 g Fett.

Pikanter Joghurt-Becher

3 Becher Joghurt · 1 Eßl. Tomatenmark
2 Eßl. Tomatenketchup · Salz · Pfeffer
1 Eßl. gehackte Kresse
1 Eßl. feingeschnittener Schnittlauch

Den Joghurt mit dem Tomatenmark und dem Ketchup leicht schlagen. Die Masse mit Salz und Pfeffer abschmecken. Die Mischung 1/2 Stunde kalt stellen. Zuletzt die Kräuter einrühren, dann in Gläser füllen und servieren.
Pro Person etwa 135 kcal und 5 g Fett.

Kohlrabigemüse

1 kg Kohlrabi · 20 g Butter oder Margarine
30 g saure Sahne · Salz
geriebene Muskatnuß
1 Eßl. gehackte Petersilie

Die Kohlrabi dünn schälen und in Streifen schneiden. Die Herzblätter klein schneiden. 1/8 l Wasser zum Kochen bringen und das Gemüse darin etwa 25 Minuten bei festgeschlossenem Topf dünsten. Die Butter oder Margarine und die saure Sahne zufügen. Mit Salz und Muskat abschmecken. Das Kohlrabigemüse nochmals kurz aufkochen lassen, mit Petersilie bestreuen und servieren.
Pro Person etwa 90 kcal und 5 g Fett.

Kartoffelbällchen

20 g Butter oder Margarine · Salz
geriebene Muskatnuß · 120 g Mehl
50 g Hartwurst · 500 g gekochte Kartoffeln
2 Eier · Schmalz zum Backen

1 Tasse Wasser mit der Margarine, Salz und Muskat zum Kochen bringen. Dann von der Kochstelle nehmen, das Mehl auf einmal in die Flüssigkeit schütten und zu einem glatten Kloß rühren. Den Topf wieder aufsetzen und den Teig weiterrühren, bis er sich von Topf und Löffel löst. Die Hartwurst in kleine Würfel schneiden. Die Kartoffeln durchpressen oder durch den Fleischwolf drehen und die Kartoffelmasse mit den Eiern und den Wurstwürfeln in den Teig rühren. Das Schmalz erhitzen. Aus der Masse mit Löffeln Bällchen formen und diese in dem heißen Fett goldgelb backen. Die Bällchen mit einem Schaumlöffel herausnehmen. Gut abtropfen lassen.
Pro Person etwa 360 kcal und 24 g Fett.

Gefüllte Tomaten I

4 große Tomaten · 30 g Öl · 1 Teel. Senf
4 Eßl. Essig · Salz · 5 g Zucker
200 g Fleischwurst · 50 g Edamer Käse
50 g Zwiebel · 100 g Äpfel · 1/2 Kopf Salat
1 Eßl. gehackte Petersilie

Die Tomaten waschen, abreiben und jeweils einen Deckel abschneiden. Die Tomaten mit einem Teelöffel aushöhlen und das Tomatenfleisch mit einer Gabel zerdrücken. Das Öl mit dem Senf verrühren, den Essig und das Tomatenfleisch dazugeben. Die Sauce mit Salz und dem Zucker abschmecken. Die Fleischwurst und den Käse in feine Streifen schneiden. Die Zwiebel schälen und in feine Würfel schneiden. Die Äpfel schälen, vom Kerngehäuse befreien und in feine Scheiben schneiden. Den Kopfsalat zerteilen und waschen. Die Salatblätter auf eine Platte legen. Die Wurst- und Käsestreifen, die Zwiebelwürfel und die Apfelscheiben mit der Sauce vermischen. Den Salat in die ausgehöhlten Tomaten füllen und diese auf den Salatblättern anrichten. Sollte Salat beim Füllen übrig bleiben, den Rest um die Tomaten auf die Salatblätter verteilen. Die Tomaten mit der Petersilie bestreuen.
Pro Person etwa 275 kcal und 20 g Fett.

Karotten-Orangen-Flip

150 g Karottensaft, frisch gepreßt oder aus der Dose
30 g Zucker · 100 g Orangensaft
Saft von 1/2 Zitrone · 1/4 l Milch
1/4 l Mineralwasser ohne Geschmack

Den Karottensaft mit dem Zucker, dem Orangen- und Zitronensaft mischen und die Mischung unter Rühren in die Milch geben. Das Getränk kalt stellen. Vor dem Servieren mit dem Mineralwasser auffüllen und gut umrühren.
Pro Person etwa 87 kcal und 2 g Fett.

Käserand mit Erbsen

4 altbackene Brötchen
30 g Butter oder Margarine
100 g Hartwurst · 3 Eier
100 g geriebener Käse (30 % Fett i. T.)
Salz · Paprikapulver · 10 g Paniermehl
300 g Erbsen, frisch oder aus der Tiefkühltruhe
15 g Mehl · 1 Prise Zucker
1 Eßl. gehackte Petersilie

Die Brötchen in Wasser einweichen, quellen lassen und dann gut ausdrücken. Etwas Butter oder Margarine in einem Topf erhitzen und die Brötchenmasse dazugeben. Unter Rühren erhitzen und dann abkühlen lassen. Die restliche Butter oder Margarine schaumig rühren. Die Wurst in kleine Würfel schneiden. Die Eier trennen. Die Eigelbe, die Wurst und den geriebenen Käse mit der Butter verrühren, zu der Brötchenmasse geben und alle Zutaten gut vermengen. Mit Salz und Paprikapulver abschmecken. Die Eiklar mit 2 Eßlöffeln kaltem Wasser zu steifem Schnee schlagen und den Eischnee unter die Masse heben. Eine Randform leicht einfetten und mit dem Paniermehl ausstreuen. Den Teig in die Form füllen und im Ofen 30 bis 40 Minuten bei Mittelhitze backen.
Die Erbsen mit 1/2 Tasse Wasser etwa 20 Minuten dünsten. Tiefkühlerbsen in den Topf geben und nach dem Auftauen noch etwa 6 bis 8 Minuten dünsten. Das Mehl darüber-

stäuben, die Erbsen damit durchschwenken und nochmal kurz aufkochen. Mit Salz und dem Zucker abschmecken. Den gebackenen, etwas abgekühlten Käserand auf eine vorgewärmte Platte stürzen. Das Gemüse in die Mitte füllen, mit der Petersilie bestreuen und servieren.
Pro Person etwa 500 kcal und 28 g Fett.

Rhabarber-Baiser-Kuchen
(ergibt 8 Portionen)

150 g Mehl · 240 g Zucker · 1 Eigelb
75 g Butter oder Margarine · 1 kg Rhabarber
etwas Fett für die Form · 4 Eiklar

Das Mehl auf ein Backbrett sieben und in die Mitte eine Vertiefung drücken. 65 g Zucker und das Eigelb in die Vertiefung geben und beides mit einem Teil des Mehls zu einem dicken Brei verarbeiten. Darauf die Butter oder Margarine in Flöckchen setzen, die Flöckchen mit Mehl bedecken und alle Zutaten schnell zu einem glatten Teig verkneten. Den Teig kalt stellen.
Den Rhabarber waschen und in 3 cm lange Stücke schneiden. Eine Springform ausfetten. Den Teig glatt ausrollen, auf den Springformboden legen und mit einer Gabel mehrmals einstechen. Dann in den Backofen schieben und 20 Minuten bei Mittelhitze backen. Danach den Rhabarber auf den Teigboden verteilen. Die Eiklar mit 2 Eßlöffeln Wasser zu sehr steifem Schnee schlagen, den restlichen Zucker dazugeben und weiterschlagen, bis der Zucker zergangen ist. Diese Baisermasse auf den Rhabarber streichen, den Kuchen nochmals in den Ofen schieben und bei starker Hitze 3–5 Minuten goldbraun backen.
Pro Portion etwa 250 kcal und 8 g Fett.

Frühlingsschnitte

3 Eier · 100 g Schinken · 30 g Schnittlauch
20 g Kresse
100 g Dosenmilch (7,5 %)
4 Scheiben Weißbrot (200 g)
20 g Butter
½ Kopf Salat · 50 g Radieschen
10 g Mayonnaise (Fertigprodukt)

Die Eier hart kochen, kalt abschrecken, schälen und in Würfel schneiden. Den Schinken, den Schnittlauch und die Kresse fein hacken. Die Eiwürfel, den gehackten Schinken und die gehackten Kräuter mit der Dosenmilch zu einer streichfähigen Masse verrühren. Die Weißbrotscheiben mit der Butter bestreichen und die Eier-Schinken-Masse daraufstreichen. Den Salat waschen, die guten Salatblätter lösen und auf 4 Teller verteilen. Darauf je eine Weißbrotscheibe legen. Die Brote mit den Radieschen und einem Tupfen Mayonnaise garnieren.
Pro Person etwa 365 kcal und 18 g Fett.

Stangenspargel mit frischer Butter

1 kg Spargel
Salz · 1 Prise Zucker
40 g Butter · 1 Zweig Petersilie

Die Spargel waschen und von oben nach unten schälen. ⅜ l Wasser mit Salz, dem Zucker und ½ Teelöffel Butter zum Kochen bringen. Die Spargel einlegen und in etwa 25 Minuten gar kochen. Die Spargel auf eine gewärmte Platte legen, die restliche Butter in einem Pfännchen zerlassen und über die Spargel gießen. Die Petersilie darüberlegen und anrichten. (Bild Seite 67)
Pro Person etwa 120 kcal und 8 g Fett.

Schnitzel natur

4 Schweineschnitzel (je 120 g)
Salz · Pfeffer
Paprikapulver · 50 g Butter oder Margarine
1 hartgekochtes Ei

Die Schnitzel leicht klopfen. Die Gewürze vermischen und die Schnitzel damit würzen. Die Butter oder Margarine in der Pfanne erhitzen und die Schnitzel darin von beiden Seiten jeweils in etwa 2 bis 3 Minuten braun braten. Die Schnitzel auf eine Platte legen. Das Ei in Scheiben schneiden und die Scheiben darauf anrichten. (Bild Seite 67)
Pro Person etwa 315 kcal und 21 g Fett.

Waldmeistergelee

1/4 l Weißwein · 100 g Zucker
1 Bund Waldmeister
6 Blatt weiße Gelatine
Saft von 1 Zitrone
50 g Speisequark, mager
1 Päckchen Vanillinzucker

Den Weißwein mit dem Zucker verrühren. Den Waldmeister waschen und in dem Wein 2 bis 3 Stunden ziehen lassen.
Die Gelatine in kaltem Wasser einweichen und quellen lassen. Den Zitronensaft mit Wasser auf 1/4 l auffüllen. Den Waldmeister aus dem Wein entfernen. Das Zitronenwasser und den Wein mischen. Die Gelatine aus dem Wasser nehmen, abtropfen lassen und bei leichter Wärme auflösen, dann langsam unter Rühren zu der Flüssigkeit geben. Das Dessert zum Erstarren kalt stellen. Den Quark mit dem Vanillinzucker süßen und das Gelee mit Quarktupfen garnieren. (Bild Seite 67)
Pro Person etwa 170 kcal und kein Fett.

Spargelsud mit Weißbrot

250 g Suppenspargel · Salz · 5 g Zucker
10 g Butter · 2 Eßl. gehackte Kräuter
150 g altbackenes Weißbrot

Die Spargel in Stücke teilen. 1 l Wasser mit Salz, dem Zucker und der Butter zum Kochen bringen, die Spargel einlegen und 30 Minuten leicht kochen lassen. Die Spargelbrühe abgießen. Die Brühe mit Salz und den Kräutern abschmecken. Das Weißbrot in kleine Stücke brechen, in vier Suppentassen verteilen und den sehr heißen Spargelsud darübergießen.
Pro Person etwa 132 kcal und 2 g Fett.

Thunfischsalat

4 Eßl. Essig · 40 g Öl · 1 Teel. Senf · Salz
Pfeffer · Worcestersauce
1 Eßl. gehackte Kräuter
300 g kleine, gekochte Pellkartoffeln
300 g Tomaten · 100 g gefüllte Oliven
200 g Thunfisch aus der Dose, ohne Öl · 1 Ei

Aus 4 Eßlöffeln Wasser, dem Essig, dem Öl, dem Senf, Salz, Pfeffer, Worcestersauce und den Kräutern eine Salatsauce bereiten. Die Kartoffeln schälen, ebenso wie die Tomaten in Viertel schneiden. Eine Tomate für die Dekoration in Achtel schneiden. Die Oliven halbieren. Den Thunfisch in grobe Stücke teilen. Die Kartoffel- und Tomatenviertel, die Olivenhälften und den Thunfisch mit der Salatsauce vermischen, abschmecken und 1 Stunde durchziehen lassen.
Das Ei hart kochen, abschrecken, abschälen und in Scheiben schneiden. Den Salat mit den Eischeiben und Tomatenachteln garnieren.
Pro Person etwa 355 kcal und 23 g Fett.

Juni

Der Zauber des Sommers zieht über das Land, und süßer Blumenduft erfüllt die Luft. Mit Sonne und Regen, Tau und Wärme zur rechten Zeit wächst in den Gärten eine Fülle köstlicher Gemüse. Der Juni ist ein Kräuter-, Gemüse- und Salatmonat. Jedermann weiß, wie gesund pflanzliche Nahrungsmittel wegen ihrer Vitamine sind. Gemüse – und natürlich auch Obst – enthalten aber noch andere wertvolle Bestandteile: Mineralstoffe, Fruchtsäure, Geschmacks-, Aroma- und Ballstoffe machen sie so wichtig für unsere Gesundheit und schlanke Linie.
Beim Einkauf fällt der Hausfrau die Entscheidung schwer, was sie aus der Fülle des Angebotenen auswählen soll. Auch auf dem Markt duftet es nach Sommer: Petersilie, Schnittlauch, Bohnenkraut und Borretsch, zarte Kohlrabi, junge Erbsen, dicke Bohnen, die ersten grünen Bohnen, Schlangengurken und Kopfsalat. Zarte gelbrote Möhren geben Farbtupfer in die vielen Schattierungen von Grün. Dazwischen leuchten weiß Blumenkohl und natürlich Spargel, der nun endlich billiger wird. Er wird bis zum 24. Juni gestochen.
Der Markt ist der Garten des Städters. Wer von dort nach der Qual der Wahl den »Sommer nach Hause trägt«, der sollte die Köstlichkeiten nun auch mit Sorgfalt zubereiten. Zartes will zart behandelt werden, sonst geht das Wertvolle daran verloren. All die frischen Kräuter und Gemüse können erst dann der Gesundheit dienen, wenn sie zweckmäßig und wertschonend aufbewahrt, vor- und zubereitet werden. Nicht was eingekauft, sondern was gegessen wird, bestimmt den Wert der Nahrung. Lebensmittel sollen, läßt sich eine Lagerung nicht vermeiden, immer kühl und dunkel aufbewahrt werden. Eine gut zusammengesetzte Kost verliert auch an Wert, wenn durch falsche Vor- und Zubereitung empfindliche Nährstoffe zerstört werden. Darum zerkleinert man Nahrungsmittel zum Beispiel erst nach dem Waschen. Zuviel Wasser bei der Zubereitung hat nachteilige Folgen.
Die Kochzeit sollte so kurz wie möglich und der Kochtopf dabei fest verschlossen sein. Fertige Speisen, vor allem Kartoffel- und Gemüsegerichte, sollten sofort verzehrt werden. Licht und Wärme zerstören die Vitamine, zu langes Kochen den Geschmack. Kräuter dürfen niemals mitkochen. Verstand und Liebe gehören dazu, dann ist es jetzt eine Lust, zu kochen!

	Mittagessen	**Abendessen**
MONTAG	Obstsaft · Mexikan. Gemüse neue Kartoffeln · Pfirsiche *(Menü pro Person etwa 670 kcal und 23 g Fett)*	Erdbeer-Auflauf Brot Butter/Margarine Aufschnitt
DIENSTAG	Gemüsebouillon · Pikanter Reisauflauf mit Kräutersauce Türkische Quarkcreme *(etwa 790 kcal und 32 g Fett)*	Juni-Salat Brot · Butter/Margarine Milch mit Früchten
MITTWOCH	Gemüsesaft mit Kräutern Gebratene Fleischküchlein Gurkengemüse · Salzkartoffeln gezuckerte Früchte *(etwa 810 kcal und 33 g Fett)*	Spargelpudding grüner Salat, mit Joghurt angemacht Brot Kräuterkäse
DONNERSTAG	Rhabarber-Erdbeer-Kaltschale · Gebratener Schinken in Rotweinsauce Tomatensalat Grüner Kartoffelschnee *(etwa 830 kcal und 30 g Fett)*	Bunte Salatplatte mit Ei Brot · Butter/Margarine Buttermilch
FREITAG	Balkanbecher Schellfisch auf Florentiner Art Kartoffeln · Aprikosen *(etwa 595 kcal und 15 g Fett)*	Quark-Mandel-Nudeln mit Obstsaft Brot · Butter/Margarine Rettich
SAMSTAG	Buttermilch-Mix Schneckennudeln Kopfsalat, meine Art frische Kirschen *(etwa 745 kcal und 17 g Fett)*	Spezialsalat Karl Pumpernickel · Brot Butter/Margarine Aufschnitt
SONNTAG	Gefüllte Rouladen · Junger Wirsing · neue Kartoffeln Erdbeerschnee *(etwa 830 kcal und 33 g Fett)*	Sommerlicher Geflügelsalat Brot · Butter/Margarine gezuckerte Johannisbeeren

Mexikanisches Gemüse

400 g Rindfleisch · 40 g Margarine
250 g Zwiebeln · 500 g grüne Gurken
500 g Tomaten · 250 g grüne Paprikaschoten
20 g Mehl · 10 g gekörnte Brühe · Salz
edelsüßes Paprikapulver
einige Tropfen Tabascosauce
3 Eßl. gehackte Kräuter

Das Fleisch in Würfel schneiden. Die Margarine in einem Topf erhitzen und das Fleisch darin anbraten. Die Zwiebeln schälen, in Ringe schneiden und mitbräunen. Danach $^1/_8$ l heißes Wasser zugießen und das Fleisch etwa $1^1/_2$ Stunden schmoren.
Die Gurken und die Tomaten schälen. Die Paprikaschoten von Stiel und Kernen befreien und alle Gemüse in gleich große Stücke schneiden. Gurken und Paprikaschoten zum Fleisch geben und weitere 20 Minuten schmoren. Das Mehl mit Wasser glattrühren, mit den Tomatenstücken zu dem Gemüse geben und nochmals 10 Minuten schmoren. Mit der gekörnten Brühe, Salz, Paprikapulver und der Tabascosauce pikant abschmecken und dabei vorsichtig umrühren. Das Gemüse in eine Schüssel füllen, mit den Kräutern bestreuen und servieren.
Pro Person etwa 405 kcal und 23 g Fett.

Erdbeer-Auflauf

3 Eier · 80 g Butter oder Margarine
130 g Zucker · 1 Prise Salz
1 Päckchen Vanillinzucker
Saft und abgeriebene Schale von 1 Zitrone (chemisch nicht behandelt)
300 g Mehl · 1 Päckchen Backpulver
4 Eßl. Milch · 500 g Erdbeeren
etwas Fett für die Form

Die Eier trennen. Die Butter oder Margarine mit dem Zucker und den Eigelben schaumig rühren. Das Salz, den Vanillinzucker, Saft und Schale der Zitrone hinzufügen. Das Mehl mit dem Backpulver sieben und mit der Milch nach und nach unter die Eimasse rühren. Die Erdbeeren vorsichtig waschen und von den Stielen befreien. Die Eiklar mit 2 Eßlöffeln kaltem Wasser zu steifem Schnee schlagen. Den Eischnee und die Erdbeeren vorsichtig unter den Teig heben. Eine feuerfeste Form ausfetten, die Masse einfüllen und im Ofen bei Mittelhitze 50 Minuten backen.
Pro Person etwa 645 kcal und 29 g Fett.

Pikanter Reisauflauf

Salz · 250 g Reis · 120 g gekochter Schinken
1 Dose Champignons · Fett für die Form
2 Eier · $^1/_8$ l Milch · edelsüßes Paprikapulver
Currypulver · 50 g geriebener Käse

3 l Wasser mit Salz aufsetzen und zum Kochen bringen. Den Reis in das kochende Wasser geben und 12 bis 15 Minuten bei offenem Topf sprudelnd kochen lassen. Den Reis dann in ein Sieb abgießen, mit lauwarmem Wasser übergießen und abtropfen lassen. Den abgetropften Reis in den Topf zurückgeben und etwa 1 Minute trocken dämpfen. Den Schinken in Würfel schneiden. Die Champignons abtropfen lassen und dann mit den Schinkenwürfeln unter den Reis mischen. Eine Auflaufform leicht einfetten und die Masse hineingeben. Die Eier mit der Milch verquirlen, mit Salz, Paprikapulver und Currypulver pikant abschmecken und über den Reis gießen. Den geriebenen Käse darüberstreuen und den Auflauf im Ofen etwa 40 Minuten bei schwacher Hitze backen.
Mit Kräutersauce (nächste Seite) servieren.

Kräutersauce

30 g Margarine · 40 g Mehl
10 g gekörnte Brühe · 1/4 l Milch
Salz · 1 Prise Zucker
3 Eßl. gehackte Kräuter (Kresse, Petersilie, Dill, Schnittlauch)

Die Margarine in einem Topf erhitzen, das Mehl dazugeben und anschwitzen. Die gekörnte Brühe in 1/4 l Wasser auflösen und die Bouillon dann mit der Milch mischen. Die Mehlschwitze mit der Flüssigkeit auffüllen und die Sauce etwa 10 Minuten leicht kochen lassen. Mit Salz und dem Zucker abschmekken, die Sauce vom Feuer nehmen und die Kräuter hineinrühren. Die Sauce darf dann nicht mehr kochen. Zum Reisauflauf (siehe Seite 75) servieren.
Reisauflauf und Kräutersauce zusammen pro Person etwa 565 kcal und 22 g Fett.

Türkische Quarkcreme

200 g Speisequark, mager
2 Becher Joghurt
2 gestrichene Eßl. Pulverkaffee · 40 g Zucker

Den Quark mit dem Joghurt, dem Pulverkaffee und dem Zucker so lange rühren, bis der Kaffee gelöst und die Masse cremig ist.
Pro Person etwa 140 kcal und 4 g Fett.

Juni-Salat

5 Eßl. Essig · 1 Teel. Senf · Salz
Pfeffer · edelsüßes Paprikapulver · 30 g Öl
100 g feingehackte Kräuter (Kresse, Petersilie, Schnittlauch, Zitronenmelisse, Dill)
1 Kopf Salat · 300 g grüne Gurke
250 g Tomaten · 2 Eier · 250 g Radieschen

Aus dem Weinessig, dem Senf, Salz, Pfeffer, Paprikapulver und dem Öl mit den feingehackten Kräutern eine Sauce bereiten. Den Salat waschen, gut abtropfen lassen und die Blätter lösen. Die Gurke und die Tomaten waschen. Die Eier hart kochen, kalt abschrekken und schälen. Die Gurke, die Tomaten und die Eier in Scheiben schneiden. Die Radieschen putzen und in Viertel schneiden. Alle Salatzutaten in eine Schüssel füllen, die Salatsauce darübergießen und den Salat vorsichtig vermengen. Sofort servieren.
Pro Person etwa 135 kcal und 9 g Fett.

Gebratene Fleischküchlein

1 1/2 Brötchen · 400 g Hackfleisch · 1 Ei
10 g geröstete Zwiebeln (Fertigprodukt)
10 g Tomatenmark · Salz · Pfeffer · 40 g Fett

Die Brötchen in Wasser einweichen, danach gut ausdrücken und mit dem Hackfleisch, dem Ei, den Zwiebeln und dem Tomatenmark gut verarbeiten. Den Teig mit Salz und Pfeffer abschmecken und daraus längliche Küchlein formen. Das Fett in einer Pfanne erhitzen, die Küchlein darin von beiden Seiten braun anbraten, mit 1/2 Tasse heißem Wasser ablöschen und in etwa 8 Minuten garen.
Pro Person etwa 380 kcal und 25 g Fett.

Gurkengemüse

1 kg grüne Gurken · 100 g Zwiebeln
50 g Speck · 15 g Stärkemehl · Salz
1 Prise Zucker · 30 g Tomatenketchup
1 Eßl. gehackter Dill
1 Eßl. gehackte Petersilie

Die Enden der Gurken abschneiden, probieren und falls bitter, diese Teile abschneiden. Dann die Gurken schälen, halbieren, die Kerne mit einem Löffel herausschaben und die Gurkenhälften in 3 cm breite Stücke schneiden. Die Zwiebeln schälen. Die Zwiebeln und den Speck in feine Würfel schneiden. Die Speckwürfel in einem Topf auslassen, die Zwiebelwürfel darin glasig werden lassen, die Gurkenstückchen dazugeben, 1 Tasse heißes Wasser dazugießen und die Gurken in 15 bis 20 Minuten gar dünsten. Das Stärkemehl mit wenig kaltem Wasser glattrühren und das Gemüse damit binden. Mit Salz, dem Zucker und dem Tomatenketchup abschmecken. Mit den gehackten Kräutern bestreuen und servieren.
Pro Person etwa 160 kcal und 8 g Fett.

Spargelpudding

1 kg Spargel · Salz · 1 Prise Zucker · 3 Eier
50 g Butter oder Margarine
3 Eßl. geriebener Käse · 30 g Mehl
100 g Spargelwasser · 100 g Milch
geriebene Muskatnuß · Saft von 1 Zitrone
1 Eßl. Paniermehl

Die Spargel waschen, schälen und in 3 cm lange Stücke schneiden. $^3/_8$ l Wasser mit Salz und dem Zucker zum Kochen bringen, die Spargel hineinlegen, etwa 20 Minuten kochen und dann auf ein Sieb zum Abtropfen geben. Die Eier trennen. Die Butter schaumig rühren, die Eigelbe, den geriebenen Käse, das Mehl und nach und nach das Spargelwasser und die Milch dazugeben, alles gut verrühren. Mit Salz, Muskat und dem Zitronensaft abschmecken. Die Eiklar mit 2 Eßlöffeln kaltem Wasser steif schlagen und den Eischnee mit den Spargeln vorsichtig unter den Teig heben. Eine Puddingform mit Deckel leicht ausfetten, mit dem Paniermehl ausstreuen und zu $^3/_4$ mit der Masse füllen, mit dem Deckel fest verschließen. In einen passenden Topf so viel kochendes Wasser füllen, daß es beim Einstellen der Form bis 2 cm unter dem Verschluß der Form steht. Den Topf mit dem Deckel schließen und den Pudding etwa $1^1/_2$ Stunden kochen. Danach die Form öffnen, den Pudding vorsichtig mit einem Messer vom Rand der Form lösen und auf eine Platte stürzen. Sofort auftragen.
Eventuell dazu Salat, mit Joghurt angemacht, servieren.
Pro Person etwa 290 kcal und 18 g Fett.
Dazu 100 g Salat, mit 30 g Joghurt angemacht, zus. etwa 320 kcal und 19 g Fett.

Kräuterkäse

120 g Limburger Käse · 20 g Butter
30 g Zwiebel · 1 Messerspitze Pfeffer
2 Eßl. gehackte Kräuter
$^1/_2$ Teel. edelsüßes Paprikapulver

Den Käse und die Butter mit einer Gabel zusammen fein zerdrücken. Die Zwiebel schälen und sehr fein hacken. Den Käse mit den Zwiebelwürfeln, dem Pfeffer und den Kräutern vermengen, ihn dann kegelförmig anrichten, mit dem Paprikapulver bestreuen und servieren.
Pro Person etwa 110 kcal und 6 g Fett.

Rhabarber-Erdbeer-Kaltschale

250 g Rhabarber · 300 g Erdbeeren
150 g Zucker · 15 g Stärkemehl
50 g Makronen

Den Rhabarber waschen und in kleine Stücke schneiden. Die Erdbeeren waschen, vom Stiel befreien, mit der Gabel zerdrücken, mit der Hälfte des Zuckers bestreuen und Saft ziehen lassen. Den Rhabarber mit $^1/_2$ l Wasser und dem restlichen Zucker etwa 5 Minuten kochen lassen. Das Stärkemehl mit Wasser glattrühren, den Rhabarber zufügen und gar kochen lassen. Dann das Erdbeermark dazugeben und das Ganze kalt stellen. Die Kaltschale mit Makronen bestreuen und anrichten.
Pro Person etwa 255 kcal und 1 g Fett.

Gebratener Schinken in Rotweinsauce

4 Scheiben gekochter Schinken (250 g)
20 g Margarine · $^1/_8$ l saure Sahne
$^3/_4$ Becher Joghurt · 30 g Johannisbeergelee
100 g Rotwein · 20 g Mehl
10 g gekörnte Brühe

Den Schinken vom Fettrand befreien. Die Margarine in einer Pfanne erhitzen. Die Schinkenscheiben von beiden Seiten schnell braun braten, herausnehmen und warm stellen. Die saure Sahne mit dem Joghurt verrühren. Die Mischung in die Pfanne geben und hellbraun werden lassen. Das Johannisbeergelee mit dem Rotwein und dem Mehl glattrühren. Die Sauce damit binden, 10 Minuten kochen und mit der gekörnten Brühe abschmecken. Die Sauce über die Schinkenscheiben gießen und anrichten.
Pro Person etwa 340 kcal und 22 g Fett.

Tomatensalat

400 g feste Tomaten · 50 g Zwiebel
2 Eßl. Wasser · 2 Eßl. Essig · 1 Eßl. Öl · Salz
Pfeffer · 1 Eßl. geschnittener Schnittlauch

Die Tomaten waschen, mit einem Tomatenmesser in Scheiben schneiden und die Scheiben in eine Schüssel legen. Die Zwiebel schälen, in sehr feine Würfel schneiden und mit 2 Eßlöffeln Wasser, dem Essig, dem Öl, Salz und Pfeffer verrühren und scharf abschmekken. Diese Salatsauce über die Tomatenscheiben gießen. Den Salat mit dem Schnittlauch bestreuen und servieren.
Pro Person etwa 60 kcal und 5 g Fett.

Grüner Kartoffelschnee

1 kg Kartoffeln · Salz
2 Eßl. gehackte Petersilie

Die Kartoffeln schälen, waschen, zerschneiden und in wenig Salzwasser gar dämpfen. Das Wasser abgießen und die Petersilie unter die Kartoffeln schwenken. Die Kartoffeln durch eine Presse gleich in die Servierschüssel pressen. Der Kartoffelschnee muß sehr locker sein.
Pro Person etwa 170 kcal und kein Fett.

Bunte Salatplatte mit Ei

150 g ausgehülste Erbsen oder 500 g mit Hülse
150 g kleine Möhren · 200 g Spargel
150 g Bohnen · 200 g Blumenkohl
1 Becher Joghurt · Salz · Essig · 10 g Zucker
2 Eßl. gehackte Kräuter · 150 g Tomaten
4 Eier

Alle Gemüse waschen, die Erbsen aushülsen und die Möhren von schlechten Stellen befreien. Die Spargel schälen und die Bohnen abfädeln. Spargel und Bohnen in 5 cm lange Stücke schneiden. Den Blumenkohl in Röschen teilen. 1 Tasse Wasser in

einem Topf zum Kochen bringen, das Gemüse hineingeben und in etwa 20 Minuten gar dünsten. Dann abkühlen lassen. Aus dem Joghurt, Salz, Essig, dem Zucker und den Kräutern eine pikante Marinade bereiten.
Das Gemüse gefällig auf einer Platte anrichten, mit der Marinade begießen und kurz durchziehen lassen. Die Eier hart kochen, abschrecken und schälen. Die Eier und die Tomaten in Achtel schneiden. Den Salat mit den Ei- und Tomatenachteln garnieren.
Pro Person etwa 270 kcal und 10 g Fett.

Balkanbecher

1 1/2 Becher Joghurt · 100 g Quark
100 g grüne Gurke · 50 g Zwiebel
1 Teel. geriebener Meerrettich
1/2 Teel. Zucker · Saft von 1 Zitrone
1 Eßl. gehackter Dill
2 Teel. Tomatenketchup

Den Joghurt mit dem Quark fein verrühren. Die Gurke in feine Würfel schneiden, die Zwiebel schälen und in sehr feine Würfel schneiden. Die Gurken- und Zwiebelwürfel mit der Joghurt-Quark-Masse vermengen. Mit dem Meerrettich, dem Zucker und dem Zitronensaft abschmecken. Die Masse gleichmäßig in Gläser verteilen. Den Dill darüberstreuen und in die Mitte je einen Tupfen Tomatenketchup setzen.
Pro Person etwa 80 kcal und 3 g Fett.

Schellfisch auf Florentiner Art

400 g Schellfisch · Zitronensaft oder Essig
Salz · etwas Fett für die Form
100 g Zwiebeln
knapp 1 Glas Weißwein
750 g Spinat · 40 g Butter
1 Messerspitze edelsüßes Paprikapulver
1 Messerspitze Knoblauchsalz
50 g geriebener Käse

Den Fisch säubern, mit Zitronensaft oder Essig säuern und salzen. Eine feuerfeste Form leicht fetten und den Fisch hineinlegen. Die Zwiebeln schälen, fein hacken und mit dem Weißwein über den Fisch geben. Dann den Fisch im Ofen in etwa 20 Minuten garen.
Den Spinat gut waschen und abtropfen lassen. Die Butter in einem Topf erhitzen, den unzerkleinerten Spinat mit dem Paprikapulver und dem Knoblauchsalz darin dünsten. Den gedünsteten Spinat auf dem Fisch verteilen. Das Ganze mit dem geriebenen Käse bestreuen und noch etwa 10 Minuten im Ofen überbacken.
Pro Person etwa 270 kcal und 12 g Fett.

Quark-Mandel-Nudeln

250 g Mehl · 25 g Hefe · 1/8 l Milch
25 g Zucker · 50 g Butter · 2 Eier
50 g gehackte Mandeln · 200 g Quark
1 Prise Salz
Schmalz oder Öl zum Backen

Das Mehl in eine Schüssel sieben und in die Mitte eine Vertiefung drücken. In die Vertiefung die Hefe bröckeln und mit 2 Eßlöffeln warmer Milch und dem Zucker verrühren. Die Schüssel zudecken und an einen warmen Ort stellen.
Wenn das Hefestück sich verdoppelt hat, den Teig weiter verarbeiten. Die Butter zerlassen. Das aufgegangene Hefestück mit der restlichen Milch und dem Mehl verrühren, die ganzen Eier, die gehackten Mandeln, den Quark, das Salz und zuletzt die zerlassene

Butter dazugeben und alles zu einem festen Teig kneten. Daraus fingerlange Nudeln formen, diese auf ein Brett legen und noch einmal gehen lassen. Schmalz oder Öl erhitzen und die Nudeln darin schwimmend goldbraun backen.
Mit gebundenem Obstsaft (nächstes Rezept) servieren.

Gebundener Obstsaft

40 g Zucker
1 Stück Zitronenschale (chemisch nicht behandelt)
15 g Stärkemehl · 250 g Kirschsüßmost

$^1/_2$ l Wasser mit dem Zucker und der Zitronenschale zum Kochen bringen. Das Stärkemehl mit etwas Wasser anrühren, in das kochende Zuckerwasser geben und kurz aufkochen lassen. Die Flüssigkeit etwas abkühlen lassen. Den Kirschsüßmost in die abgekühlte Flüssigkeit geben. Den Saft erkalten lassen und dabei öfter umrühren, damit sich keine Haut bildet. Zu den Quark-Mandel-Nudeln (voriges Rezept) servieren.
Quark-Mandel-Nudeln und Saft zusammen pro Person etwa 645 kcal und 21 g Fett.

Buttermilch-Mix

$^1/_2$ l gekühlte Buttermilch
1$^1/_2$ Eßl. Zucker
abgeriebene Schale von $^1/_2$ Zitrone (chemisch nicht behandelt)
150 g Aprikosen oder Beerenobst
Saft von 1 Zitrone

Die gekühlte Buttermilch mit dem Zucker und der Zitronenschale verrühren. Die Aprikosen kurz in kochendes Wasser legen und die Haut abziehen. Das Fruchtfleisch mit einer Gabel zerdrücken, den Zitronensaft dazugeben und unter Rühren mit der Buttermilch vermischen. In Gläser verteilen und servieren.
Pro Person etwa 95 kcal und 1 g Fett.

Schneckennudeln

300 g Mehl · $^1/_4$ l Milch · 25 g Hefe
1 Teel. Zucker
100 g gekochte Kartoffeln · 50 g Zwiebel
200 g Hackfleisch, halb und halb
2 Eier · edelsüßes Paprikapulver
Salz · Pfeffer
etwas Fett für die Form · 100 g saure Sahne

Das Mehl in eine Schüssel sieben. Die Milch erwärmen. Die Hefe und den Zucker in der Milch auflösen und das Mehl damit glattrühren. Die Kartoffeln reiben und unter den Teig kneten. Den Teig zudecken und an einem warmen Ort gehen lassen.
Für die Füllung die Zwiebel schälen und in feine Würfel schneiden. Das Hackfleisch mit 1 Ei, den Zwiebelwürfeln, Paprikapulver, Salz und Pfeffer zu einer glatten Fleischfarce verarbeiten.
Danach den Hefeteig etwa $^1/_2$ cm dick ausrollen, mit der Fleischfarce bestreichen und aufrollen. Aus der Rolle etwa 3 cm breite Stücke schneiden. Eine feuerfeste Form einfetten. Die Stücke aufrecht in die Form stellen und nochmals gehen lassen. Das zweite Ei mit der sauren Sahne verquirlen und die Flüssigkeit über die Schneckennudeln gießen. Die Form in den Ofen schieben und die Nudeln in etwa 30 bis 40 Minuten bei Mittelhitze goldbraun backen.
Pro Person etwa 540 kcal und 15 g Fett.

Kopfsalat, meine Art

$^{3}/_{4}$ Becher Joghurt · Essig · Salz · Zucker
150 g eingelegte rote Paprikastreifen mit Flüssigkeit
1 Kopf Salat · 100 g grüne Gurke
50 g Zwiebel · 1 Eßl. gehackte Kräuter

Den Joghurt mit Essig, Salz, Zucker und Paprikaflüssigkeit pikant abschmecken. Den Salat von den welken Blättern befreien, die übrigen Blätter vom Strunk lösen, dann sorgfältig waschen und zum Abtropfen auf ein Salatsieb geben. Große Blätter zerteilen. Die Gurke waschen und ungeschält in feine Scheiben schneiden. Die Zwiebel schälen und in sehr feine Ringe schneiden. Die Salatblätter, die Gurkenscheiben, die Zwiebelringe und die Paprikastreifen in einer Schüssel leicht vermengen, die Joghurtsauce darübergießen. Den Salat mit den gehackten Kräutern bestreuen und servieren.
Pro Person etwa 50 kcal und 1 g Fett.

Spezialsalat Karl

500 g Kartoffeln · 100 g Quark
$^{1}/_{2}$ Becher Joghurt · $^{1}/_{2}$ Teel. Senf
1 Eigelb · 50 g Öl · Salz
1 gestrichener Teel. Zucker · Essig
10 g geriebener Meerrettich
2 Eßl. gehackte Kräuter · 100 g Äpfel
100 g rote Paprikaschoten
100 g Gewürzgurken · 50 g Zwiebel
100 g Tomaten

Die Kartoffeln waschen, mit der Schale kochen, etwas abkühlen lassen, schälen und in gleichmäßige Würfel schneiden. Den Quark, den Joghurt, den Senf und das Eigelb miteinander glattrühren und langsam das Öl dazugeben. Diese Quarkmayonnaise mit Salz, dem Zucker, Essig und dem Meerrettich abschmecken und die Kräuter dazugeben. Den Apfel schälen, vom Kerngehäuse befreien und in Würfel schneiden. Die Paprikaschote halbieren, Stiel und Kerne entfernen und die Schote in Streifen schneiden. Die Gewürzgurken in Streifen schneiden, die Zwiebel schälen und reiben. Die Tomaten in Scheiben schneiden. Die Kartoffel- und die Apfelwürfel, die Paprika- und die Gurkenstreifen und die geriebene Zwiebel in einer Schüssel mit der Quarkmayonnaise vermengen. Den Salat 1 Stunde durchziehen lassen und dann nochmals abschmecken. Mit Tomatenscheiben garnieren und servieren.
Pro Person etwa 320 kcal und 15 g Fett.

Gefüllte Rouladen

30 g Paniermehl · 1 Ei · 50 g Zwiebel
50 g Champignons aus der Dose
30 g durchwachsener Speck · Salz
4 Rouladenscheiben (je 120 g) · 40 g Mehl
30 g Margarine · $^{3}/_{8}$ l Brühe
$^{3}/_{4}$ Becher Joghurt · 20 g Tomatenmark

Das Paniermehl mit dem Ei verrühren. Die Zwiebel schälen. Die Champignons, die Zwiebel und den durchwachsenen Speck sehr fein schneiden oder durch den Fleischwolf drehen und zu der Ei-Paniermehl-Mischung geben. Alles gut miteinander verkneten und mit Salz abschmecken. Diese Füllung auf die Rouladenscheiben verteilen, die Scheiben zusammenrollen und mit Holzstäbchen zustecken. Die Rouladen in der Hälfte des Mehls wenden. Die Margarine in einem Topf erhitzen und die Rouladen darin anbraten. Die Brühe erhitzen und die Rouladen mit der heißen

Brühe auffüllen. Alles etwa 60 bis 80 Minuten leicht kochen lassen.
Die garen Rouladen herausnehmen und warm stellen. Das restliche Mehl mit dem Joghurt glattrühren, die Sauce damit binden und 10 Minuten kochen. Mit dem Tomatenmark und Salz abschmecken und über die Rouladen gießen.
Pro Person etwa 395 kcal und 27 g Fett.

Junger Wirsing

1 kg Wirsing · 30 g Butter oder Margarine
50 g Zwiebel · 1 gestrichener Eßl. Mehl
Salz · 1 Teel. gekörnte Brühe
1 Eßl. gehackte Petersilie

Den Wirsing von welken Blättern befreien und waschen. Den Kopf in Viertel und dann in Streifen schneiden. Die Butter oder Margarine im Topf erhitzen. Die Zwiebel schälen und sehr fein schneiden. Den Kohl und die Zwiebel in die Butter geben, andünsten, etwa 1 Tasse heißes Wasser zugeben und den Wirsing bei fest geschlossenem Topf in etwa 30 Minuten gar dünsten. Das Mehl über den Wirsing stäuben. Das Gemüse salzen, nochmals kurz aufkochen lassen, mit der gekörnten Brühe abschmecken, mit der gehackten Petersilie bestreuen und servieren.
Pro Person etwa 150 kcal und 6 g Fett.

Erdbeerschnee

300 g Erdbeeren · 80 g Zucker
Saft von 1/2 Zitrone · 2 Eiklar

Die Erdbeeren vorsichtig waschen, von den Stielen befreien und mit einer Gabel zerdrükken. 4 schöne Früchte zum Garnieren zurücklassen. Das Erdbeermark mit dem Zucker bestreuen und den Zitronensaft darunterrühren. Die Eiklar mit 1 Eßlöffel Wasser sehr steif schlagen, mit der Fruchtmasse vermengen. Den Erdbeerschnee in Portionsschälchen verteilen und jedes mit einer Erdbeere verzieren. Sofort servieren.
Pro Person etwa 115 kcal und kein Fett.

Sommerlicher Geflügelsalat

1 Hähnchen · 250 g Spargel
200 g ausgehülste Erbsen oder 500 g mit Hülse
100 g Tomaten
50 g Mayonnaise (Fertigprodukt)
50 g Quark · 1 Becher Joghurt
Salz · Pfeffer · Essig
1 gestrichener Teel. Zucker
1 Teel. Senf
1 Eßl. Tomatenketchup
2 Eßl. gehackte Kräuter

Das Hähnchen in kochendes Wasser legen und bei schwacher Hitze in etwa 30 Minuten garen. Dann abkühlen lassen. Nach dem Abkühlen das Fleisch von den Knochen lösen und in Stücke schneiden. Die Spargel schälen und in 4 cm lange Stücke schneiden. Die Erbsen und die Spargel in wenig Wasser garen und danach auf ein Sieb zum Abtropfen geben. Die Tomaten in Achtel schneiden. Die Mayonnaise mit dem Quark und dem Joghurt glattrühren, mit Salz, Pfeffer, Essig, dem Zucker, dem Senf und dem Ketchup pikant abschmecken. Das Fleisch, die Spargel, die Erbsen und die Tomatenachtel leicht unter die Salatsauce heben und den Salat etwa 1 Stunde kalt stellen. Zum Anrichten mit den Kräutern bestreuen.
Pro Person etwa 410 kcal und 20 g Fett.

Juli

Sommerzeit – Ferienzeit! Wandern, Baden oder die Urlaubsreise stehen auf dem Programm. Wer mit dem Auto fährt, sollte beachten, daß nicht nur die Pflege des Wagens, sondern auch die Betriebssicherheit des Fahrers wichtig ist. Eine zweckmäßige Ernährung trägt zur notwendigen guten physischen und psychischen Verfassung bei. In diesem Punkt wird oft gesündigt. Der Autofahrer kann die Verkehrssicherheit durch sein Verhalten weitgehend beeinflussen. Ein überfüllter Magen, und das auch noch zur falschen Tageszeit, vermindert die Reaktion sehr, und die Erfahrung hat gezeigt, daß zur Mittagsmahlzeit oft zuviel und zu üppig gegessen wird. Der Autofahrer ist kein Schwerarbeiter, er braucht daher weniger Kalorien. Seine Mahlzeiten vor und während der Fahrt sollen leicht verdaulich sein und nicht das Gefühl der Völle geben; der Sättigungswert muß dabei natürlich erreicht werden. Auch beim Urlaub in anderem Klima, anderen Höhen und bei verändertem Tagesablauf muß sich die Ernährung den Gegebenheiten anpassen, um eine tatsächliche Erholung zu erreichen.
Nun ist Sommer, und die Hitze macht Durst. Dieser darf aber nicht allein mit Flüssigkeit gelöscht werden. Auch Salzzufuhr ist wichtig, denn Wasser- und Salzhaushalt des Körpers sind eng miteinander verbunden. Der Körper scheidet durch die Haut täglich Flüssigkeit aus, die Salz enthält. Bei Hitze ist der Verlust besonders groß. Also immer das Verlorene dem Körper zurückgeben!
Der Magenfahrplan braucht jetzt eine Kursänderung. Es ist ein Monat der Salate und der Kaltschalen, und Gefrorenes erweckt Begeisterung bei jung und alt. Die Salate werden aber nicht mit schweren Mayonnaisen, sondern mit Joghurt oder Kräutersaucen angemacht. Kaltschalen, aus Obst, aus Milch, aber auch aus Brühe mit Gemüseeinlage bereitet, und als Nachtisch eine Milch- oder Quarkspeise mit Stärkeprodukten, bedeuten Sättigung trotz geringer Kalorienzufuhr. Der hohe Flüssigkeitsgehalt dieser Speisen wirkt in gekühltem Zustand dazu erfrischend und durststillend. Und die gequollenen Stärkeprodukte sind besonders leicht zu verdauen. Die Angst, daß solche Speisen dick machen könnten, ist unbegründet. Nicht süße oder salzige Speisen machen dick, sondern nur jene, die zusätzlich gegessen werden, wenn der Nahrungsbedarf schon gedeckt ist.

	Erstes Frühstück	Zweites Frühstück
MONTAG	Haferflocken mit Joghurt und Himbeeren Brot · Butter/Margarine	Vollkornbrot mit Butter/Margarine grüne Gurke
DIENSTAG	Milchmix Brötchen · Brot Butter/Margarine Käse · Gelee	Teesprudel mit Zitronensaft Knäckebrot
MITTWOCH	Getränk nach Wahl verschiedene Brotsorten Butter/Margarine Schinken-Scheibe · Honig	Joghurt mit Tomaten
DONNERSTAG	frisch gepreßter Obst- oder Gemüsesaft · Knäckebrot Toast · Butter/Margarine Quark · Marmelade	kalter Kakaotrunk Zwieback
FREITAG	Getränk nach Wahl Brötchen · Brot Butter/Margarine · Tomate fr. Johannisbeermarmelade	Pumpernickel mit Eibutter
SAMSTAG	Fruchtsaft · Brot · Toast Butter/Margarine Radieschen · Wurst Marmelade	Birne
SONNTAG	Milch mit Früchten Brot · Weißbrot Butter/Margarine · Tomate Ei im Glas · Gelee	entfällt wegen des späten Frühstücks · eventuell Obst

Mittagessen	Nachmittag	Abendessen
Rote-Bete-Cocktail Räucherfischsalat · Röst- kartoffeln · gezuckerte Früchte *(Menü pro Person etwa 715 kcal und 24 g Fett)*	Obst	Zwieback-Quark-Auflauf mit Fruchtsaft Brot Schnittlauchbutter
Würzige Pilzsuppe Gespicktes Kalbsherz Gurkensalat · Salzkartoffeln Pflaumen in Eierschaum *(etwa 845 kcal und 32 g Fett)*	Milchstuten	Rote Grütze mit Milch Brot Butter/Margarine Aufschnitt
Zitronensuppe Gulasch · Auberginengemüse Salzkartoffeln mit Petersilie *(etwa 720 kcal und 25 g Fett)*	Milchmix	Sommerliche Platte mit Tomate, Radieschen, Rettich, Kümmelkäse Brot · Butter/Margarine Dicke Milch (gestockte Milch)
Blumenkohlsuppe mit grünen Käseklößchen Eierkuchen Suzette *(etwa 680 kcal und 28 g Fett)*	Quarkhörnchen	Pikanter Reissalat Toast Butter/Margarine Obst
Matjesfilet mit grünen Bohnen neue Pellkartoffeln · Butter Obstsalat aus frisch. Früchten *(etwa 785 kcal und 33 g Fett)*	Knäckebrot mit Honig	Schweizer Käse-Auflauf grüner Salat, mit Joghurt angemacht Brot · Butter/Margarine
Indisches Geflügelgericht Himbeer-Wein-Gelee mit Vanillesauce *(etwa 715 kcal und 19 g Fett)*	Buttermilch-Mix · Biskuit	Obstkaltschale mit Grießpudding Brot · Butter/Margarine Aufschnittplatte
Zunge in Madeira Pariser Karotten Dampfkartoffeln Überbackene Heidelbeeren *(etwa 880 kcal und 30 g Fett)*	Eiskaffee	Kalter Aufschnitt (Zunge) Roquefortsauce Weißbrot · Pumpernickel Butter/Margarine Obst

Rote-Bete-Cocktail

200 g rote Beten · 250 g Äpfel
Saft von 3 Orangen · 1 Eßl. Honig
1 Eßl. Zitronensaft · $^1/_8$ l Sahne

Die roten Beten und die Äpfel waschen, schälen, fein raspeln und den Saft auspressen oder in der Saftpresse entsaften. Den Orangensaft mit dem Rote-Bete-Apfel-Saft vermischen, mit dem Honig und dem Zitronensaft abschmecken. Die Sahne kurz vor dem Anrichten unter ständigem Rühren in den Saft gießen und den Cocktail sofort servieren.
Pro Person etwa 210 kcal und 9 g Fett.

Räucherfisch-Salat

200 g Joghurt · 30 g Tomatenketchup
10 g geriebener Meerrettich
Essig · Salz
2 Eßl. gehackte Kräuter
400 g geräucherter Rotbarsch
100 g rote Paprikaschote · 100 g Äpfel
100 g eingelegte Perlzwiebeln
30 g Kapern

Den Joghurt mit dem Ketchup, dem Meerrettich, Essig, Salz und den Kräutern verrühren und pikant abschmecken.
Den Räucherfisch entgräten und in mundgerechte Stücke zerpflücken. Die Paprikaschote halbieren, von Stiel und Kernen befreien und in feine Streifen schneiden. Die Äpfel schälen, halbieren, vom Kerngehäuse befreien und in dünne Scheiben schneiden. Den Fisch mit den Paprikastreifen, den Apfelscheiben, den Perlzwiebeln und den Kapern mischen und die Salatsauce darübergießen. Den Salat $^1/_2$ Stunde kalt stellen.
Pro Person etwa 190 kcal und 6 g Fett.

Röstkartoffeln

800 g kleine gekochte Pellkartoffeln · 30 g Öl

Die Pellkartoffeln schälen. Das Öl in einer Pfanne erhitzen. Die ganzen Kartoffeln dazugeben und anbraten. Dann im Ofen unter mehrmaligem Schütteln der Pfanne bei starker Hitze etwa 20 Minuten braten.
Pro Person etwa 240 kcal und 9 g Fett.

Zwieback-Quark-Auflauf

250 g Zwieback · $^1/_2$ l Milch · 3 Eier
30 g Butter oder Margarine · 120 g Zucker
Saft und Schale von 1 Zitrone (chemisch nicht behandelt)
500 g Speisequark, mager

Den Zwieback zerbrechen. Die Milch zum Kochen bringen und über den Zwieback gießen. Die Eier trennen. Die Butter oder Margarine mit den Eigelben und dem Zucker schaumig rühren. Nach und nach den gut durchweichten Zwieback, den Zitronensaft, die Zitronenschale und den Quark dazugeben. Die Eiklar mit 1 Eßlöffel Wasser zu steifem Schnee schlagen und den Eischnee unter die Masse ziehen.
Eine Auflaufform ausfetten, die Zwiebackmasse einfüllen und im Ofen bei Mittelhitze in 35 bis 40 Minuten goldbraun backen.
Pro Person etwa 630 kcal und 16 g Fett.

Schnittlauchbutter (ergibt 17 Portionen)

150 g Butter
2 Eßl. sehr fein geschnittener Schnittlauch
1 Prise Salz · einige Tropfen Zitronensaft

Die Butter schaumig rühren, den Schnittlauch und das Salz unterrühren und mit einigen

Tropfen Zitronensaft abschmecken. Die Masse kalt stellen. Ehe sie steif wird, mit 2 nassen Butterbrettern etwa 10 g schwere Kugeln formen. Die Kugeln in den Kühlschrank stellen.
Pro Portion etwa 65 kcal und 8 g Fett.

Teesprudel mit Zitronensaft

10 g schwarzer Tee · 60 g Zucker
Saft von 2 Zitronen
$1/2$ l Sprudel ohne Geschmack

$1/4$ l Wasser zum Kochen bringen. Aus dem Tee und dem kochenden Wasser einen starken Tee bereiten und den Zucker darin auflösen. Nach dem Erkalten den Zitronensaft und zuletzt den gekühlten Sprudel dazugießen und das Getränk sofort servieren.
Pro Person etwa 60 kcal und kein Fett.

Würzige Pilzsuppe

200 g Pfifferlinge · 50 g Zwiebel
20 g Butter oder Margarine · 20 g Mehl
$1/2$ l Fleischbrühe · 4 Eßl. Milch
Salz · Pfeffer · 1 Teel. gekörnte Brühe
1 Eßl. gehackte Petersilie

Die Pfifferlinge säubern und gründlich waschen, sehr große Pilze zerkleinern. Die Zwiebel schälen und in feine Würfel schneiden. Die Butter in einem Topf erhitzen, die Zwiebelwürfel und die Pfifferlinge darin dünsten. Das Mehl darüberstäuben, unter Rühren mit der Fleischbrühe und der Milch auffüllen und etwa 10 Minuten kochen lassen. Die Suppe mit Salz, Pfeffer und der gekörnten Brühe abschmecken, mit der Petersilie bestreuen und servieren.
Pro Person etwa 90 kcal und 5 g Fett.

Gespicktes Kalbsherz

1 Kalbsherz (300–400 g) · 1 l Buttermilch
150 g Möhren · 100 g Sellerie
100 g Zwiebeln · 30 g Speck · 20 g Margarine
30 g Mehl · 2 Eßl. saure Sahne · Salz
Paprikapulver

Das Herz in der Mitte einschneiden, gründlich auswaschen und die großen Röhren entfernen. Dann 1 bis 2 Tage in die Buttermilch einlegen.
Die Buttermilch abgießen, das Herz abwaschen. Die Möhren und den Sellerie waschen, putzen und in feine Streifen schneiden. Die Zwiebeln schälen und in dünne Ringe schneiden. Den Speck in Streifen schneiden und das Herz damit spicken. Die Margarine in einem Schmortopf erhitzen und das Herz darin anbraten. Die Möhren-, die Selleriestreifen und die Zwiebelringe zu dem Herz geben und mit $3/8$ l heißem Wasser auffüllen. Das Herz etwa 1 Stunde garen und während des Garens häufig begießen. Dann das Herz herausnehmen und warm stellen.
Die Kochbrühe, wenn es nötig sein sollte, mit Wasser auf $1/2$ l auffüllen. Das Mehl mit der sauren Sahne verquirlen, in die Sauce gießen und diese 10 Minuten kochen. Mit Salz und Paprikapulver abschmecken. Das Herz in Scheiben schneiden, in einer tiefen Platte anrichten und die Sauce darübergießen.
Pro Person etwa 270 kcal und 16 g Fett.

Gurkensalat

$3/4$ Becher Joghurt · 2 Eßl. saure Sahne
Salz · Essig · 1 gestrichener Teel. Zucker
2 grüne Gurken (etwa 800 g)
1 Eßl. gehackter Dill

Aus dem Joghurt, der sauren Sahne, Salz, Essig und dem Zucker eine Salatsauce bereiten. Die Gurken schälen und probieren, ob sie bitter sind. Gegebenenfalls so viel abschneiden, bis der Geschmack einwandfrei ist. Kurz vor dem Anrichten die Gurken in feine Scheiben schneiden, die Scheiben mit der Salatsauce vermischen. Den Salat mit dem Dill bestreuen und sofort servieren.
Anmerkung: Junge Gurken brauchen nicht geschält zu werden; sie müssen dann aber sehr gut gewaschen werden.
Pro Person etwa 60 kcal und 2 g Fett.

Pflaumen in Eierschaum

500 g Pflaumen · 2 Eier · 40 g Zucker
3 Eßl. Rum · 30 g Mandelsplitter

Die Pflaumen waschen, entkernen und gleichmäßig in 4 Gläser verteilen. Die Eier trennen. Die Eiklar mit 1 Eßlöffel Wasser zu sehr steifem Schnee schlagen. Die Eigelbe mit dem Zucker schaumig rühren, den Rum dazugeben, den Eischnee darunterziehen und die Masse auf die Pflaumen füllen. Mit den Mandelsplittern bestreuen und sofort servieren.
Pro Person etwa 220 kcal und 7 g Fett.

Rote Grütze mit Milch

375 g rote und schwarze Johannisbeeren
250 g Himbeeren · 1/2 Vanillestange
200 g Zucker · 120 g Grieß · 1 l Milch

Die Beeren waschen, abtropfen lassen und verlesen. Die Vanillestange der Länge nach halbieren. Die Beeren und die Hälften der Vanillestange mit 1/2 l Wasser kochen, bis die Früchte zerfallen, und dann durch ein Sieb streichen. Den Zucker in der Masse auflösen, die Flüssigkeit zum Kochen bringen und unter Rühren langsam den Grieß einlaufen und etwa 5 Minuten ausquellen lassen. Eine Schale kalt ausspülen, die rote Grütze hineingießen und kalt stellen. Nach dem Erkalten stürzen. Dazu die kalte Milch reichen.
Pro Person etwa 545 kcal und 8 g Fett.

Zitronensuppe

1 l Hühnerbrühe · 50 g Reis · 2 Eigelbe
2 Eßl. Zitronensaft · Salz
4 geschälte Zitronenscheiben
1 Eßl. gehackte Petersilie

Die Hühnerbrühe zum Kochen bringen, den Reis darin ausquellen lassen. Die Eigelbe mit dem Zitronensaft und Salz schaumig schlagen. 1/2 Tasse abgekühlte Reisbrühe nach und nach unter die Schaummasse rühren und diese unter Weiterrühren in die Suppe gießen. Die Suppe darf nicht mehr kochen; abschmecken und mit den Zitronenscheiben und der gehackten Petersilie servieren.
Pro Person etwa 145 kcal und 8 g Fett.

Gulasch

400 g mageres Rindfleisch · 250 g Zwiebeln
30 g Margarine · Salz · Pfeffer · 15 g Mehl
30 g saure Sahne

Das Fleisch waschen, abtrocknen und in 3 cm große Würfel schneiden. Die Zwiebeln schälen und in Würfel schneiden. Die Margarine in einem Topf erhitzen. Das Fleisch hineingeben und bei starker Hitze bräunen. 1/2 l Wasser zum Kochen bringen. Die Zwiebelwürfel zum Fleisch geben und mitbräunen.

Das kochende Wasser nach und nach dazugeben, das Gulasch mit Salz und Pfeffer würzen und bei geschlossenem Topf $1^1/_2$ bis 2 Stunden schwach schmoren lassen.
Das Mehl mit der sauren Sahne glattrühren, damit das Gulasch binden und alles nochmals 10 Minuten kochen lassen.
Pro Person etwa 280 kcal und 9 g Fett.

Auberginengemüse

800 g Auberginen · 30 g Öl
2 Knoblauchzehen · 1 Teel. gekörnte Brühe
Salz · Pfeffer · 1 Teel. Worcestersauce
150 g Tomaten · 1 Eßl. gehackte Petersilie

Die Auberginen von den Stielen befreien, gut waschen und in Würfel schneiden. Nur ältere Früchte schälen. Das Öl in einem Topf erhitzen und die ganzen Knoblauchzehen darin bräunen. Die Auberginenwürfel dazugeben. Das Gemüse mit der gekörnten Brühe, Salz, Pfeffer und der Worcestersauce kräftig abschmecken und etwa 10 Minuten in geschlossenem Topf dünsten lassen.
Die Tomaten einritzen, 1 Minute in kochendes Wasser legen, dann schälen und in Achtel schneiden. Die Tomatenachtel zu den Auberginen geben. Nochmals 5–10 Minuten kochen lassen. Dabei umrühren, damit das Gemüse nicht anbrennt. Mit der Petersilie bestreuen und servieren.
Pro Person etwa 125 kcal und 8 g Fett.

Blumenkohlsuppe

300 g Blumenkohl · $^1/_2$ Teel. Salz · 30 g Mehl
1 Eßl. saure Sahne
1 Prise geriebene Muskatnuß
10 g gekörnte Brühe

Den Blumenkohl in Röschen teilen und waschen. $1^1/_4$ l Wasser mit dem Salz zum Kochen bringen, die Blumenkohlröschen hineingeben, aufkochen und in etwa 20 Minuten garen. Das Mehl mit der sauren Sahne und 1 Eßlöffel abgekühltem Blumenkohlwasser glattrühren, zu der Suppe geben und noch etwa 10 Minuten kochen. Mit dem Muskat und der gekörnten Brühe abschmecken, Käseklößchen (siehe unten) einlegen und servieren.
Pro Person etwa 65 kcal und 1 g Fett.

Grüne Käseklößchen

30 g Butter/Margarine · 2 Eier · Salz · 20 g Grieß
30 g geriebener Käse (30 % Fett i. T.)
2 Eßl. gehackte Kräuter

Die Butter oder Margarine mit den Eiern schaumig rühren. Salz, den Grieß, den geriebenen Käse und die Kräuter dazurühren und die Masse etwa $^1/_4$ Stunde stehen lassen, damit der Grieß quellen kann. In einem Topf etwa 1 l Wasser mit Salz zum Kochen bringen, einen Teelöffel eintauchen und damit von der Masse Klößchen abstechen. Diese in das kochende Wasser geben und etwa 10 Minuten ziehen lassen. Mit einer Schaumkelle herausnehmen, gut abtropfen lassen und in die Blumenkohlsuppe (siehe oben) einlegen.
Pro Person etwa 195 kcal und 11 g Fett.

Eierkuchen Suzette

150 g Mehl · $^3/_8$ l Milch · 3 Eier · 1 Prise Salz
30 g Öl · 30 g Zucker · 150 g Apfelmus

Das Mehl in eine Schüssel sieben, in die Mitte eine Vertiefung drücken. Die Milch, die Eier und das Salz in die Vertiefung geben und

von der Mitte her alles zu einem glatten Teig verrühren. Den Teig etwa 20 Minuten stehen lassen, damit das Mehl quellen kann. In eine Pfanne so viel Öl geben, daß der Boden gerade bedeckt ist. Das Öl erhitzen, wenig Teig hineingeben. Die Pfanne schwenken, so daß der Teig nach allen Seiten auseinanderläuft. Die Unterseite bräunen, dann den Eierkuchen wenden und von der anderen Seite bräunen. Den fertigen Eierkuchen mit Zucker bestreuen, sehr fest zusammenrollen, auf eine Platte legen und warm stellen. Die übrigen Eierkuchen ebenso bereiten und die Rollen auf der Platte eng aneinander legen. Die Oberfläche der Eierkuchen mit Apfelmus bestreichen und servieren.
Pro Person etwa 420 kcal und 17 g Fett.

Quarkhörnchen (etwa 10 Stück)

125 g Mehl
125 g Butter oder Margarine
125 g Quark
1 Prise Salz
40 g Marmelade
1 Eigelb

Das Mehl auf ein Backbrett sieben, die Butter oder Margarine und den Quark in Flöckchen darauf verteilen. Das Salz zufügen. Die Zutaten schnell miteinander verkneten und den Teig kalt stellen. Danach den Quarkblätterteig etwa 3 mm dick zu einem Rechteck ausrollen. Daraus Quadrate von etwa 6 cm Seitenlänge ausschneiden und diese diagonal in Dreiecke teilen. Auf jedes Dreieck 1/2 Teelöffel Marmelade setzen. Jedes Dreieck von der breiten Seite her aufrollen und die Ecken zu Hörnchen umbiegen. Den Backofen vorheizen. Das Eigelb mit 1 Eßlöffel Wasser verquirlen und die Hörnchen damit bestreichen. Ein Backblech mit kaltem Wasser abspülen, die Hörnchen auf das Blech legen und im vorgeheizten Ofen bei starker Hitze etwa 15 Minuten backen.
Pro Hörnchen etwa 160 kcal und 11 g Fett.

Pikanter Reissalat

1 Becher Joghurt · 1 Eigelb
Saft von 1 Zitrone
1 Teel. Senf · 1 Eßl. Öl
Salz · Pfeffer
1 gestrichener Teel. Currypulver
2 Eßl. gehackte Kräuter · 150 g Reis
200 g Krabbenfleisch
100 g Äpfel · 1 Ei
100 g Gewürzgurken

Den Joghurt mit dem Eigelb, dem Zitronensaft und dem Senf vermischen, langsam das Öl dazugeben und alles zu einer Salatsauce verrühren. Die Sauce mit Salz, Pfeffer, dem Currypulver und den Kräutern pikant abschmecken.
Den Reis in einem Topf mit 2 l kochendem Salzwasser aufsetzen und etwa 15 Minuten ohne Deckel sprudelnd kochen lassen. Auf ein Sieb geben, mit kaltem Wasser übergießen und gut abtropfen lassen. Das Krabbenfleisch abspülen. Die Äpfel schälen, halbieren und das Kerngehäuse entfernen. Das Ei hart kochen, kalt abschrecken und schälen. Die Äpfel, die Gurken und das Ei in gleichmäßige Würfel schneiden. Den Reis, die Krabben, die Apfel-, die Gurken- und die Eiwürfel mit der Salatsauce vermischen und nochmals abschmecken. Den Salat etwa 1 Stunde durchziehen lassen.
Pro Person etwa 295 kcal und 8 g Fett.

Matjesfilet

500 g Matjesfilets · 100 g Zwiebeln
Eiswürfel · 4 Zitronenscheiben

Die Matjesfilets waschen und, falls zu scharf, kurz wässern. Dann gut abtropfen lassen. Die Zwiebeln schälen und in feine Ringe schneiden. Die Matjesfilets auf Eiswürfel legen, mit den Zwiebelringen und den Zitronenscheiben garnieren und servieren.
Pro Person etwa 288 kcal und 21 g Fett.
Dazu 10 g Butter etwa 77 kcal und 8 g Fett.

Grüne Bohnen

1 kg frische grüne Bohnen oder 900 g aus der Tiefkühltruhe oder Dose
Bohnenkraut · 20 g Butter
10 g gekörnte Brühe
2 Eßl. gehackte Petersilie

Die Bohnen waschen, die Enden abschneiden und die Fäden abziehen. 1 Tasse Wasser zum Kochen bringen, die Bohnen mit dem Bohnenkraut hineinlegen und in etwa 30 Minuten gar dünsten. Tiefgefrorene Bohnen nach Vorschrift vorbereiten. Dosenbohnen auf ein Sieb geben und abtropfen lassen. Die Butter in einer Pfanne braun werden lassen, die gekörnte Brühe darin verrühren und die Bohnen dazugeben. Das Gemüse mit der Petersilie bestreuen und durchschwenken.
Pro Person etwa 120 kcal und 4 g Fett.

Obstsalat aus frischen Früchten

750 g frische Früchte (je 250 g Erdbeeren, Himbeeren, Pfirsiche)
Saft von 1/2 Zitrone · 100 g Zucker

Die Erdbeeren und die Himbeeren vorsichtig waschen und auf ein Sieb zum Abtropfen geben. Die Erdbeeren von den Stielen befreien. Die Pfirsiche schälen, halbieren, die Steine entfernen und das Fruchtfleisch in dünne Scheiben schneiden. Den Zitronensaft und den Zucker in 1 Tasse Wasser auflösen. Die vorbereiteten Früchte in eine Glasschale legen, das Zuckerwasser darübergießen und den Salat durchschwenken. Den Obstsalat etwa 1/2 Stunde zugedeckt durchziehen lassen.
Pro Person etwa 175 kcal und kein Fett.

Schweizer Käse-Auflauf

etwas Margarine für die Form
5 Scheiben Weißbrot (250 g)
4 Scheiben Käse (40 % Fett i. T.) · 2 Eier
1/2 l Milch · Salz · geriebene Muskatnuß

Eine längliche Auflaufform mit der Margarine ausfetten. Die Weißbrot- und Käsescheiben ziegelartig einschichten. Die Eier mit der Milch verquirlen, mit Salz und Muskat abschmecken und diese Eiermilch darübergießen. Den Auflauf im Ofen bei Mittelhitze in 30 Min. fest und goldbraun werden lassen.
Pro Person etwa 385 kcal und 17 g Fett.

Indisches Geflügelgericht

30 g Öl · 250 g Reis · Salz
1 Teel. gekörnte Brühe
2 gestrichene Teel. Currypulver
3/4 l Hühnerbrühe · 250 g mürbe Äpfel
300 g gekochtes Hühnerfleisch
1 Eßl. gehackte Petersilie

Das Öl in einem Topf erhitzen, den Reis hineingeben und glasig dünsten. Mit Salz, der gekörnten Brühe und dem Currypulver wür-

zen. Mit der Hühnerbrühe auffüllen, aufkochen lassen, den Topf zudecken und den Reis bei schwacher Hitze auf dem Herd oder im Ofen in etwa 15 Minuten garen lassen.
Die Äpfel schälen, halbieren und das Kerngehäuse entfernen. Das Hühnerfleisch und die Äpfel in Würfel schneiden. Die Würfel zu dem Reis geben und noch etwa 10 Minuten ziehen lassen, bis die Äpfel weich sind. Das Gericht mit der Petersilie bestreut servieren.
Pro Person etwa 510 kcal und 15 g Fett.

Himbeer-Wein-Gelee mit Vanillesauce

6 Blatt weiße Gelatine · 200 g Himbeeren
40 g Zucker · 1/4 l Weißwein
1 Päckchen Vanillesaucenpulver (ohne Kochen)
1/2 l Milch

Die Gelatine in kaltem Wasser 1/4 Stunde einweichen, herausnehmen und abtropfen lassen. Die Himbeeren vorsichtig waschen und verlesen. 1/8 l Wasser mit dem Zucker aufkochen und die Gelatine darin auflösen. Den Wein und die Himbeeren dazugeben, die Masse in Portionsschälchen füllen, kalt stellen und steif werden lassen.
Aus dem Saucenpulver und der Milch die Sauce nach Vorschrift bereiten und zu dem Himbeer-Wein-Gelee servieren.
Pro Person etwa 205 kcal und 4 g Fett.

Obstkaltschale

500 g frisches Beerenobst · 60 g Zucker
Saft und Schale von 1 Zitrone (chemisch nicht behandelt)
15 g Stärkemehl

Das Obst verlesen und vorsichtig waschen. 1 1/4 l Wasser mit dem Zucker, dem Zitronensaft und der Zitronenschale zum Kochen bringen. Das Obst dazugeben und alles etwa 5 Minuten kochen lassen. Das Stärkemehl mit 2 Eßlöffeln Wasser glattrühren und in die Suppe gießen. Alles noch einmal aufkochen lassen. Die Zitronenschale herausnehmen und die Suppe kalt stellen. Mit Grießdessert (nächstes Rezept) servieren.
Pro Person etwa 120 kcal und kein Fett.

Grießdessert

1/2 Milch · 20 g Zucker
1 Stück Zitronenschale (chemisch nicht behandelt)
1 Prise Salz · 80 g Grieß · 1 Ei

Die Milch mit dem Zucker, der Zitronenschale und dem Salz zum Kochen bringen, den Grieß unter Rühren einlaufen und etwa 8 Minuten ausquellen lassen. Das Ei trennen. Das Eigelb mit 2 Eßlöffeln Grießbrei verrühren und zu dem übrigen Brei geben. Das Eiklar mit 1 Eßlöffel kaltem Wasser steif schlagen und den Eischnee unter den Grießbrei ziehen. 4 Tassen mit kaltem Wasser ausspülen, den Brei einfüllen und kalt stellen. Dann das Grießdessert in tiefe Teller stürzen und mit der Obstkaltschale (siehe oben) servieren.
Pro Person etwa 190 kcal und 6 g Fett.

Zunge in Madeira

1 gepökelte Rinderzunge von etwa 1500 g
200 g Suppengemüse (Möhren, Sellerie, Porree)
30 g Butter oder Margarine · 40 g Mehl
1/2 l Zungenbrühe

1 Stückchen Ingwer, in Sirup eingelegt
1 Eßl. Tomatenketchup
Salz · Zucker
1 Glas Madeira

Die Zunge waschen und in kaltem Wasser aufsetzen. Das Suppengemüse waschen, putzen und in grobe Stücke schneiden. Nach etwa 2 Stunden Kochzeit das Suppengemüse zu der Zunge geben. Noch etwa 1 Stunde kochen lassen. Die Zunge ist gar, wenn sich die Spitze weich einstechen läßt. Die Zunge dann aus der Brühe nehmen, das knorpelige und schwammige Fleisch entfernen und die Haut abziehen, solange die Zunge noch heiß ist. Die Zunge warm stellen.
Die Butter oder Margarine in einem Topf erhitzen, das Mehl dazugeben und so lange durchschwitzen, bis das Mehl mittelbraun ist. Die Zungenbrühe unter Rühren dazugeben, zum Kochen bringen und etwa 10 Minuten kochen lassen. Den Ingwer in kleine Stücke schneiden und an die Sauce geben. Mit dem Tomatenketchup, Salz und Zucker abschmekken und zum Schluß den Madeira dazugeben. Die Zunge in Scheiben schneiden und die Scheiben zur ursprünglichen Zungenform zusammensetzen. Auf einer tiefen Platte anrichten, die Sauce darübergießen und servieren. Das Zungenfleisch reicht für 10 bis 12 Personen beziehungsweise noch als Aufschnitt für das Abendbrot.
Bei 110 g Zunge pro Person etwa 388 kcal und 24 g Fett.

Pariser Karotten

750 g junge, kleine, runde Karotten
30 g Butter oder Margarine · Salz
1 Prise Zucker · 1 Eßl. gehackte Petersilie

Die kleinen Karotten schaben und waschen, aber nicht zerschneiden. 1 Tasse Wasser zum Kochen bringen. Die Karotten hineingeben und etwa 20 bis 25 Minuten dünsten. Die Butter oder Margarine dazugeben und zerlassen. Salz und den Zucker zufügen. Die Petersilie über das Gemüse streuen und servieren.
Pro Person etwa 130 kcal und 6 g Fett.

Überbackene Heidelbeeren

600 g Heidelbeeren · 100 g Zucker · 4 Eiklar

Die Heidelbeeren mit dem Zucker bestreuen. 2 Eßlöffel Zucker zurückbehalten. Die eingezuckerten Beeren in feuerfeste Portionsförmchen füllen. Die Eiklare mit 2 Eßlöffeln kaltem Wasser sehr steif schlagen, den restlichen Zucker dazugeben und weiter schlagen, bis der Zucker zergangen ist. Den Eischnee über die Heidelbeeren verteilen und alles im Ofen bei starker Hitze so lange überbacken, bis der Schnee goldgelb ist.
Pro Person etwa 175 kcal und kein Fett.

Eiskaffee

40 g gemahlener Bohnenkaffee
1 Prise Salz · 100 g Vanilleeis · 50 g Sahne

Das Kaffeemehl in einen Filter geben und das Salz zufügen. 1/2 l Wasser zum Kochen bringen und das kochende Wasser in kleinen Mengen über den Kaffee gießen. Den Kaffee nach dem Durchlaufen erkalten lassen. Die Sahne sehr steif schlagen. Das Vanilleeis in 4 hohe Gläser füllen und den erkalteten Kaffee darübergießen. Mit Schlagsahne garnieren und sofort mit Strohhalmen servieren.
Pro Person etwa 90 kcal und 4 g Fett.

Roquefort-Sauce

50 g Roquefort · 1 Becher Joghurt
2 Eßl. Milch · 1 knapper Eßl. Öl
1 Eßl. Zitronensaft · Salz · Pfeffer
1 Eßl. gehackte Petersilie

Den Käse glattrühren, mit dem Joghurt, der Milch, dem Öl und dem Zitronensaft verrühren. Mit Salz und Pfeffer abschmecken. Zuletzt die Petersilie unterziehen.
Pro Person etwa 145 kcal und 10 g Fett.

August

Bald ist der Sommer vorbei, und die Ernte wird jetzt eingebracht. Betrachtet man die Schaufenster, dann scheint allerdings das ganze Jahr Erntezeit zu sein. Aber wenn der Außenhandel für uns auch Produkte aus aller Herren Ländern immer erreichbar macht, so sollte die Hausfrau doch vor allem das jahreszeitliche, reiche Angebot hochwertiger Nahrungsmittel aus der eigenen Erzeugung nützen. Wir sehen uns heute beim Einkauf einer Fülle gegenüber und können aus einigen Tausend Lebensmitteln auswählen. Sie sind unterschiedlich in der Verarbeitung, in der Verpackung und im Preis. Gutes, das heißt gesundes Kochen aber fängt beim Einkauf an. Wissen schützt vor Mangel, Fehlernährung und unnötigem Geldausgeben, und ungenügende Kenntnis über eine vollwertige Ernährung kann sich in körperlichem Unbehagen, ja sogar in Krankheit rächen. Die Fülle des Gebotenen darf also nicht zu einer Vernachlässigung der kritischen Auswahl verleiten. Eine Hausfrau, die ihre Familie richtig ernähren und gut für sie kochen will, berücksichtigt bei der Speisezettelgestaltung den Bedarf aller Familienmitglieder. Die Nahrungswahl muß sich dem gewandelten Lebensrhythmus des modernen Menschen und der Umstellung von der Muskelarbeit zur bewegungsärmeren Tätigkeit anpassen: durch eine Beschränkung von Fett und Kohlenhydraten und durch ausreichende Zufuhr von Eiweiß, Vitaminen und Mineralstoffen.
Für die Vor- und Zubereitung der Speisen stehen heute viele technische Geräte zur Verfügung. Sie ermöglichen es selbst der berufstätigen Frau, zeitgemäß zu kochen, und noch dazu vollwertige, abwechslungsreiche Mahlzeiten.
Was wird nun im August angeboten? Frisch und preiswert sind jetzt Tomaten, Salat- und Einmachgurken, grüne Bohnen, Wirsing und Kohlrabi, außerdem früher Weiß- und Rotkohl, Wiesenchampignons, Steinpilze, Auberginen und die ersten Kürbisse. Auf dem Obstmarkt finden wir Klaräpfel, Blaubeeren, Brombeeren, Pfirsiche, verschiedene Melonenarten, frühe Pflaumen und Mirabellen, auch noch Himbeeren, Johannisbeeren, Sauerkirschen und die ersten Preiselbeeren. Das Angebot an Schweinefleisch ist jetzt geringer, aber man kann gut auf Geflügelfleisch ausweichen, das an heißen Tagen besonders bekömmlich ist. Und der Fischfreund kann sich auch in diesem Monat an der Ernte aus dem Meer laben.

	Mittagessen	Abendessen
MONTAG	Fruchtsaft Gefüllte Auberginen Tomatensauce I · Toast *(Menü pro Person etwa 785 kcal und 26 g Fett)*	Kirschmösel Brot Quark-Liptauer
DIENSTAG	Apfel-Wein-Suppe Pilz-Pizza · Bunter Salat *(etwa 745 kcal und 38 g Fett)*	Aufschnittplatte Brot · Butter/Margarine Heidelbeeren mit Milch
MITTWOCH	Milchmix mit Sanddorn Geflügel Madagaskar in Reisrand *(etwa 725 kcal und 23 g Fett)*	Käse-Tortelett grüner Salat Brot · Butter/Margarine Obst
DONNERSTAG	Rohkostsalat Gebratene Leber Apfelgemüse · Kartoffelbrei *(etwa 885 kcal und 38 g Fett)*	Pflaumenauflauf mit Milch Brot · Butter/Margarine Käse
FREITAG	Suppe aus frischen grünen Erbsen Äpfel im Schlafrock *(etwa 700 kcal und 28 g Fett)*	Helgoländer Fischberg Knäckebrot · Brot Butter/Margarine
SAMSTAG	Pichelsteiner, eigene Art Gedünstete Weinäpfel mit Krone *(etwa 600 kcal und 27 g Fett)*	Vanillesuppe m. Brombeeren Brot · Butter/Margarine kaltes Fleisch
SONNTAG	Kirschkaltschale mit Corn-flakes Schweinefilet spezial Wachsbohnensalat Salzkartoffeln mit Petersilie Französisches Melonendessert *(etwa 920 kcal und 25 g Fett)*	Allgäuer Käsesalat Toast · Pumpernickel · Brot Butter/Margarine Tomate · Rettich

Gefüllte Auberginen

1 Hähnchen von etwa 1 kg · Salz · 70 g Reis
4 Auberginen (etwa 800 g)
Saft von 1/2 Zitrone
100 g Zwiebeln · 30 g Öl · 200 g Tomaten
Pfeffer · 1 gestrichener Teel. Currypulver
20 g Butter · 1 Eßl. gehackte Petersilie
1 Zitrone · 4 Scheiben Toastbrot

Am Vortag das Hähnchen kochen, dann die Haut entfernen und das Fleisch von den Knochen lösen. Das Hähnchenfleisch in mundgerechte Stücke schneiden.
Am anderen Tag 1/4 l Wasser mit 1/2 Teelöffel Salz zum Kochen bringen. Den Reis in das sprudelnde Wasser geben, zudecken und bei schwacher Hitze etwa 20 Minuten ausquellen lassen, bis alle Flüssigkeit aufgenommen ist. Die Auberginen waschen, der Länge nach halbieren, mit Salz und dem Zitronensaft beträufeln und etwa 15 Minuten stehen lassen.
Das Fruchtfleisch aus den Auberginen herauslösen. Die Zwiebeln schälen und in kleine Würfel schneiden. Das Öl in einem Topf erhitzen und die Zwiebelwürfel darin bräunen. Das Hähnchenfleisch dazugeben und erhitzen. Die Tomaten einritzen, 1 Minute in kochendes Wasser legen, dann schälen und in Würfel schneiden. Die Tomatenwürfel, das Auberginenfruchtfleisch und den Reis ebenfalls in den Topf geben. Alles zusammen erhitzen und mit Salz, Pfeffer und dem Currypulver abschmecken. Den Backofen vorheizen. Die Masse in die Auberginenhälften füllen und die Hälften in eine feuerfeste Form legen. Butterflöckchen daraufsetzen und die gefüllten Auberginen im vorgeheizten Backofen bei Mittelhitze etwa 1 Stunde backen. Mit der gehackten Petersilie bestreuen. Die Zitrone in Scheiben schneiden und das Toastbrot rösten. Die Auberginen mit Zitronenscheiben umlegen. Mit dem Toast servieren.
Pro Person etwa 645 kcal und 23 g Fett.

Tomatensauce I

400 g sehr reife Tomaten · Saft von 1 Zitrone
Salz · Pfeffer · 1 Eßl. Tomatenketchup
50 g Zwiebel · 100 g saure Sahne

Die Tomaten waschen, in kleine Stücke schneiden und durch ein Sieb streichen oder im Mixer pürieren. Den Tomatenbrei mit dem Zitronensaft, Salz, Pfeffer und dem Tomatenketchup recht scharf abschmecken. Die Zwiebel schälen, in die Sauce reiben, die Sahne darunterrühren und die Sauce kalt stellen.
Pro Person etwa 85 kcal und 3 g Fett.

Kirschmösel

250 g Mehl · 2 Eier · 1 Prise Salz · 40 g Öl
500 g entsteinte Sauerkirschen · 100 g Zucker

Das Mehl in eine Schüssel sieben. In die Mitte eine Vertiefung drücken, die Eier und das Salz hineingeben. 1/2 l Wasser erwärmen. Von der Mitte der Schüssel her die Eier und das Mehl verrühren, nach und nach das lauwarme Wasser hinzugeben und alles zu einem glatten Teig verarbeiten. Den Teig 1/2 Stunde stehen lassen. In einer Pfanne jeweils einen Teil des Öls erhitzen und darin aus dem Teig dicke Pfannkuchen backen. Die Pfannkuchen mit zwei Gabeln in kleine Stücke reißen. Die Eierkuchenstücke und die rohen Kirschen wieder in die Pfanne geben und erhitzen, bis die Kirschen Saft ziehen. Mit Zucker bestreuen und servieren.
Pro Person etwa 535 kcal und 14 g Fett.

Quark-Liptauer

50 g reifer Camembert (45 % Fett i. T.)
200 g Speisequark, mager · 1 Teel. Senf
1/2 Teel. edelsüßes Paprikapulver · Salz
50 g Zwiebel

Den Camembert mit der Gabel zerdrücken und mit dem Quark glattrühren. Mit dem Senf, dem Paprikapulver und Salz abschmekken. Die Zwiebel schälen und in sehr feine Würfel schneiden. Die Quarkmasse hügelartig anrichten, mit den Zwiebelwürfeln bestreuen und servieren.
Pro Person etwa 125 kcal und 3 g Fett.

Apfel-Wein-Suppe

375 g Äpfel · 75 g Zucker · 1/4 Zimtstange
20 g Stärkemehl · 1 Eigelb · Saft von 1 Zitrone
1/4 l Weißwein · Suppenmakronen

Die Äpfel waschen, schälen, in Achtel schneiden und das Kerngehäuse entfernen. 1/2 l Wasser mit dem Zucker und der Zimtstange zum Kochen bringen. Die Apfelstücke darin etwa 5 bis 10 Minuten kochen. Das Stärkemehl mit 2 Eßlöffeln Wasser und dem Eigelb glattrühren und die Suppe damit binden. Die Zimtstange entfernen. Zuletzt den Zitronensaft und den Wein zugeben. Die Suppe nochmals abschmecken und kalt stellen. Mit Suppenmakronen servieren.
Die Suppe kann auch heiß serviert werden.
Pro Person etwa 190 kcal und 1 g Fett.

Pilz-Pizza

100 g Mehl · 100 g Margarine · 100 g Quark
100 g gekochter Schinken
500 g Champignons aus der Dose oder 600 g frische Champignons
100 g Zwiebeln · 1 Eßl. Öl

Das Mehl auf ein Backbrett sieben, die Margarine und den Quark darauf verteilen. Alle Zutaten schnell zu einem glatten Teig verarbeiten und den Teig kalt stellen. Den Schinken in Würfel und die Champignons in Scheiben schneiden. Die Zwiebeln schälen und in Ringe schneiden. Das Öl in einer Pfanne erhitzen, die Champignonscheiben und die Zwiebelringe darin dünsten.
Den Quarkblätterteig etwa 3 mm dick zu einem Rechteck ausrollen. Ein Backblech mit kaltem Wasser abspülen und den Teig darauflegen. Die Schinkenwürfel und die gedünsteten Champignon-Zwiebeln gleichmäßig darauf verteilen. Die Pizza im Ofen bei Mittelhitze etwa 30 Minuten backen.
Pro Person etwa 440 kcal und 29 g Fett.

Bunter Salat

30 g Öl · Saft von 1 Zitrone · 2 Eßl. Rotwein
Salz · Pfeffer · 1 Prise Zucker
30 g frische Perlzwiebeln · 150 g rote Äpfel
1 Kopf Salat
1 Eßl. geschnittener Schnittlauch

Aus dem Öl, dem Zitronensaft, dem Rotwein, Salz, Pfeffer und dem Zucker eine pikante Salatsauce bereiten. Die Perlzwiebeln schälen und halbieren. Die Äpfel waschen, in Viertel schneiden, die Viertel vom Kerngehäuse befreien und in dünne Streifen schneiden. Von dem Kopfsalat die welken Blätter entfernen, die anderen vom Strunk lösen. Die Salatblätter waschen und auf ein Sieb zum Abtropfen geben. Sehr große Salatblätter zerteilen. Die Apfelscheiben, die Salatblätter und

die Perlzwiebeln in einer Schüssel mit der Salatsauce vermischen, den Schnittlauch darüberstreuen und den Salat sofort servieren.
Pro Person etwa 115 kcal und 8 g Fett.

Milchmix mit Sanddorn

1/2 l Milch · 2 1/2 Eßl. Zucker
abgeriebene Schale und Saft von 1 Zitrone (chemisch nicht behandelt)
50 g Sanddornsaft

Die Milch mit dem Zucker und der Zitronenschale vermischen, bis der Zucker gelöst ist. Den Zitronensaft mit dem Sanddorn mischen, beides unter Rühren langsam in die Milch geben und das Getränk sofort servieren.
Anmerkung: Alle Zutaten sollen die gleiche Temperatur haben.
Pro Person etwa 160 kcal und 4 g Fett.

Geflügel Madagaskar

1 gekochtes Suppenhuhn (400 g Huhnfleisch)
200 g Tomatenpaprikaschoten · 200 g Äpfel
100 g Zwiebeln · 100 g Ananas aus der Dose
30 g Margarine · 1/4 l Hühnerbrühe
25 g Mehl · 100 g saure Sahne
1–2 Teel. Currypulver · Salz · 1 Prise Zucker
Saft von 1/2 Zitrone

Das Huhn zerlegen, Haut und Knochen entfernen und das Fleisch in Würfel schneiden. Die Tomatenpaprikaschoten waschen, halbieren, von Stiel und Kernen befreien und die Schoten in Streifen schneiden. Die Äpfel schälen, halbieren, das Kerngehäuse entfernen und die Hälften in Würfel schneiden. Die Zwiebeln schälen und in sehr feine Würfel schneiden. Die Ananas in Würfel schneiden.
Die Margarine in einem Topf erhitzen. Die Paprikastreifen, die Apfel- und Zwiebelwürfel dazugeben und etwa 10 Minuten dünsten. Die Hühnerbrühe dazugießen. Das Mehl mit der sauren Sahne verrühren, das Gericht damit binden und etwa 10 Minuten kochen lassen. Das Hühnerfleisch dazugeben und das Gericht mit dem Currypulver, Salz, dem Zukker und dem Zitronensaft pikant abschmekken. Zuletzt die Ananaswürfel dazugeben und alles noch 5 Minuten ziehen, aber nicht mehr kochen lassen. Im Reisrand (nächstes Rezept) servieren.
Pro Person etwa 310 kcal und 16 g Fett.

Reisrand

knapp 3/4 l Hühnerbrühe · Salz · 250 g Reis

Die Hühnerbrühe mit Salz aufsetzen und zum Kochen bringen. Den Reis in die sprudelnde Brühe geben, zudecken und bei schwacher Hitze auf dem Herd oder im Ofen 20 bis 30 Minuten ausquellen lassen. Die Flüssigkeit muß ganz aufgenommen sein. Eine Ringform mit kaltem Wasser ausspülen, den Reis fest eindrücken und etwa 15 Minuten in den Backofen stellen. Den Reis danach auf eine heiße, runde Platte stürzen. In die Mitte das Geflügelgericht (siehe linke Spalte) füllen und servieren.
Pro Person etwa 255 kcal und 3 g Fett.

Käse-Torteletts

100 g Mehl · 100 g Margarine · 100 g Quark
1 Messerspitze Salz
125 g Schmelzkäse (40 % Fett i. T.)
edelsüßes Paprikapulver · Pfeffer
1 Eßl. geschnittener Schnittlauch
2 Eßl. Milch

Das Mehl auf ein Backbrett sieben, die Margarine und den Quark in Flöckchen darauf verteilen, das Salz zufügen und alle Zutaten schnell zu einem glatten Teig verarbeiten. Den Teig kalt stellen. Danach den Teig 2 mm dick zu einem Rechteck ausrollen, Daraus Quadrate von 8 cm Seitenlänge schneiden.
Die Ecken Schmelzkäse mit der Verpackung in heißes Wasser legen. Wenn der Käse weich geworden ist, die Spitze der Folie abschneiden und aus den Päckchen kleine Käsehäufchen in die Mitte der Teigquadrate drücken. Die Häufchen mit Paprikapulver, je 1 Prise Pfeffer und dem Schnittlauch bestreuen. Die Teigränder mit der Milch bestreichen, die Quadrate zu Dreiecken zusammenklappen und die Ränder fest andrücken. Ein Backblech mit kaltem Wasser abspülen, die Dreiecke darauflegen und im Ofen bei Mittelhitze etwa 15 bis 20 Minuten backen.
Pro Person etwa 375 kcal und 27 g Fett.

Rohkostsalat

1 Eßl. Öl · Saft von 1 Zitrone · 1 Teel. Senf
Salz · 1 Prise Zucker · 50 g Zwiebel
300 g Rettich · 250 g Tomaten · 1 Kopf Salat

Aus dem Öl, dem Zitronensaft, dem Senf, Salz und dem Zucker eine Salatsauce bereiten. Die Zwiebel schälen und in die Sauce reiben. Den Rettich schälen und grob raspeln. Die Tomaten waschen und in Scheiben schneiden. Den Kopfsalat waschen und in 2 cm breite Streifen schneiden. Die Rettichraspel, die Tomatenscheiben und die Kopfsalatstreifen in eine Schüssel geben und mit der Salatsauce vorsichtig vermengen. Nochmals abschmecken und servieren.
Pro Person etwa 90 kcal und 4 g Fett.

Gebratene Leber

4 Scheiben Rinderleber zu je 125 g
20 g Mehl
100 g Zwiebeln
50 g Öl · Salz

Die Leberscheiben enthäuten und in dem Mehl wenden. Die Zwiebeln schälen und in feine Ringe schneiden. Das Öl in der Pfanne erhitzen, die Leberscheiben hineinlegen und von beiden Seiten schnell braun braten. Die Zwiebelringe im Bratfett bräunen. Die Leber nach dem Braten salzen, auf eine vorgewärmte Platte legen, mit den Zwiebelringen garnieren und servieren.
Pro Person etwa 380 kcal und 14 g Fett.

Apfelgemüse

30 g Speck · 20 g Butter · 150 g Zwiebeln
$^1/_8$ l Apfelwein
1 Stück Zitronenschale (chemisch nicht behandelt)
Salz · Zucker
Paprikapulver
Saft von $^1/_2$ Zitrone
1 kg feste Äpfel
1 Eßl. gehackte Petersilie

Den Speck in Würfel schneiden. Die Butter im Topf erhitzen und die Speckwürfel darin auslassen. Die Zwiebeln schälen und in Ringe schneiden. Die Zwiebelringe in dem Fett dünsten und mit $^1/_8$ l Wasser und dem Apfelwein auffüllen. Die Zitronenschale dazugeben und alles kurz aufkochen. Dann die Schale herausnehmen und die Sauce mit Salz, Zucker, Paprikapulver und Zitronensaft pikant abschmecken. Die Äpfel schälen, in Achtel schneiden und das Kerngehäuse entm Durchmesser ausstechen, die Plätzchen t Dosenmilch bestreichen, auf die Apfel-ckchen legen und andrücken. Die Äpfel im hlafrock mit der Dosenmilch bestreichen. n Backblech einfetten, die Äpfel daraufset-n und im Ofen bei Mittelhitze etwa 25 bis) Minuten backen.

o Person etwa 525 kcal und 22 g Fett.

lelgoländer Fischberg

00 g Rotbarschfilet
ssig · Salz
00 g mürbe, säuerliche Äpfel
aft von 1 Zitrone
0 g Mayonnaise (Fertigprodukt)
00 g Quark
/2 Becher Joghurt
–3 Eßl. Tomatenketchup
Eßl. gehackte Petersilie

Das Fischfilet säubern, säuern (mit Essig beträufeln) und salzen. Dann in einen Topf etwas Wasser geben, den Fisch auf einen passenden Einsatz hineinlegen und etwa 10 Minuten dämpfen. Das gegarte Fischfilet abkühlen lassen und zerkleinern.

Die Äpfel schälen. Den Zitronensaft mit 2 Eßlöffeln Wasser vermischen und die Äpfel auf einer groben Reibe in die Flüssigkeit raspeln. Die Apfelmasse bergartig auf einer Platte anrichten und die kalten Fischstücke darüber verteilen. Die Mayonnaise mit dem Quark, dem Joghurt und dem Tomatenketchup gut verrühren und mit Salz und Essig nach Geschmack pikant würzen. Diese Sauce über den Apfel-Fisch-Berg gießen und die Petersilie als dicken Kranz ringsum an den Rand streuen.

Pro Person etwa 310 kcal und 14 g Fett.

Pichelsteiner, eigene Art

1 kg Gemüse (je 200 g Paprikaschoten, Kohlrabi, Möhren, grüne Bohnen und Tomaten)
300 g Kartoffeln
250 g Hackfleisch, halb und halb · Salz
Pfeffer · 40 g Öl · 10 g gekörnte Brühe
2 Eßl. gehackte Kräuter

Die Paprikaschoten halbieren und von Stiel und Kernen befreien. Die Kohlrabi schälen. Die Möhren waschen und putzen. Die Paprikaschoten, die Kohlrabi und die Möhren in Streifen schneiden. Die Bohnen waschen, abfädeln und in 5 cm lange Stücke brechen. Die Tomaten einritzen, in kochendes Wasser tauchen, schälen und in Scheiben schneiden. Die Kartoffeln schälen und in Scheiben schneiden. Das Hackfleisch mit Salz und Pfeffer abschmecken. Die Hälfte des Öls in einem Topf erhitzen und den Boden mit Kartoffelscheiben belegen. Das Gemüse und das Hackfleisch lagenweise in den Topf schichten, die gekörnte Brühe dazwischen streuen. Die restlichen Kartoffelscheiben obenauf legen und das restliche Öl darübergießen. Den Topf fest schließen und bei starker Hitze zum Kochen bringen, bis Dampf entweicht. Dann die Hitze reduzieren und das Gericht in 30 Minuten garen. Mit Petersilie bestreuen und servieren.

Das Pichelsteiner wird am besten in einem feuerfesten Gefäß bereitet, in dem es dann gleich serviert werden kann.

Pro Person etwa 355 kcal und 19 g Fett.

Gedünstete Weinäpfel mit Krone

4 mürbe Äpfel, am besten Boskop (500 g)
1/4 l Weißwein · 50 g Zucker
Saft von 1 Zitrone
80 g Speisequark, mager · 100 g Sahne

Dieses herbstliche Mittagsmenü ist in unserem September-Speiseplan auf Seite 108 für den Sonntag gedacht. Es umfaßt Bouillon mit Schinkenklößchen, Rehsteaks mit Früchten und dazu selbstgemachte Spätzle. Die Rezepte finden Sie auf Seite 115, 116. Bei den Mengen sind die Rezept-Angaben maßgebend.
Das erste Wildbret, das nun auf den Markt kommt, und dazu frische und eingemachte Früchte ergeben eine besonders delikate Zusammenstellung, die auch verwöhnte Gaumen begeistert.

fernen. Die Achtel mit in den Topf geben. Den Topf fest schließen und die Äpfel darin gar dünsten. Das Gemüse vorsichtig in eine Schüssel füllen, mit der Petersilie bestreuen und anrichten.
Pro Person etwa 290 kcal und 10 g Fett.

Pflaumen-Auflauf

250 g Weißbrot · 1 kg Pflaumen
150 – 200 g Zucker · 50 g Mandeln
55 g Butter · 1/2 l Milch
1 Päckchen Vanillinzucker

Das Weißbrot in grobe Würfel schneiden. Die Pflaumen entsteinen, mit dem Zucker in einen Topf geben und ohne Wasser gar dämpfen. Falls sich sehr viel Saft bildet, von diesem etwas abschöpfen. Die Weißbrotwürfel und die Pflaumen miteinander vermischen. Die Mandeln grob hacken und mit unterrühren. Eine feuerfeste Form mit etwas Butter leicht ausstreichen und die Masse einfüllen. Die restliche Butter zerlassen und über den Auflauf gießen. Den Auflauf im Ofen bei Mittelhitze in etwa 45 Minuten goldbraun backen. Die Milch mit dem Vanillinzucker verrühren und zum Auflauf servieren.
Pro Person etwa 730 kcal und 23 g Fett.

Suppe aus frischen grünen Erbsen

1 kg frische Erbsen (400 g ohne Hülsen)
30 g Margarine · 10 g gekörnte Brühe
20 g Mehl · Salz · 1 Prise Zucker
1 Eßl. gehackte Petersilie

Die Erbsen aushülsen. Die Margarine in einem Topf erhitzen und die Erbsen darin andünsten. Die gekörnte Brühe in 1 l Wasser auflösen. 1/4 l Brühe zu den Erb
und alles etwa 10 Minuten kochen
te der Erbsen herausnehmen, durc
streichen oder im Mixer pürieren
Brei wieder zurück in die Suppe g
Mehl darüberstäuben und durchs
Die restliche Brühe zugießen und
noch 10 Minuten kochen lassen. Mi
dem Zucker abschmecken, mit der
bestreuen und servieren.
Pro Person etwa 175 kcal und 5 g Fe

Äpfel im Schlafrock

200 g Mehl · 50 g Zucker · 1 Ei
abgeriebene Schale von 1 Zitrone (c
nicht behandelt)
100 g Margarine · 1 Prise Salz
4 Äpfel (500 g)
30 g Rosinen · 1 Eiklar
2 Eßl. Dosenmilch

Das Mehl auf ein Backbrett sieben und
Mitte eine Vertiefung drücken. Den Z
das Ei und die Zitronenschale in die V
fung geben. Die Margarine in Flöckch
dem Mehl verteilen, das Salz zufüge
alle Zutaten schnell zu einem glatten
verkneten. Den Teig kalt stellen.
Die Äpfel waschen und schälen, von
und Stiel befreien und das Kerngehäuse
ausstechen. Die Äpfel mit den Rosinen
len. Den Teig 3 mm dick ausrollen und
aus 4 Quadrate schneiden, so groß, daß
Äpfel darin eingewickelt werden kön
Je einen Apfel in die Mitte jedes Quadr
setzen. Die Teigränder mit dem Eiklar
streichen, die Äpfel in den Teig einhüllen
die Ränder fest zusammendrücken. Aus d
restlichen Teig 4 runde Plätzchen von e

Die Äpfel schälen und mit einem Ausstecher das Kerngehäuse herausstechen. Den Wein mit 30 g Zucker und dem Zitronensaft zum Kochen bringen und die Äpfel darin gar ziehen lassen. Den Quark mit 20 g Zucker und der Sahne schaumig rühren. Die garen Äpfel mit dem Kochsaft auf Glasteller verteilen. Den Quark in einen Spritzbeutel füllen, auf jeden Apfel eine Krone spritzen und dann servieren.
Pro Person etwa 240 kcal und 8 g Fett.

Vanillesuppe mit Brombeeren

1 Ei
1 Päckchen Vanillesaucenpulver
1 l Milch
125 g Zucker
250 g Brombeeren

Das Ei trennen. Das Vanillesaucenpulver mit etwas Milch und dem Eigelb glattrühren. Die restliche Milch mit 100 g Zucker zum Kochen bringen, das angerührte Saucenpulver unter Rühren dazugießen und die Suppe etwa 1 Minute kochen lassen. Die Brombeeren vorsichtig waschen, auf ein Sieb zum Abtropfen und dann in eine Suppenschüssel geben. Die Suppe darübergießen und kalt stellen.
Das Eiklar mit 1 Eßlöffel Wasser zu steifem Schnee schlagen, den restlichen Zucker dazugeben und weiterschlagen, bis der Zucker zergangen ist. In einem Topf $1/2$ l Wasser zum Kochen bringen. Mit einem Eßlöffel Klößchen von dem Eischnee abstechen und die Klößchen auf das kochende Wasser legen. Bei geschlossenem Topf stocken lassen. Die Klößchen mit einer Schaumkelle herausnehmen, auf der Vanillesuppe anrichten und servieren.
Pro Person etwa 345 kcal und 9 g Fett.

Kirschkaltschale mit Corn-flakes

500 g Sauerkirschen
1 Stück Zitronenschale (chemisch nicht behandelt)
100 g Zucker · 30 g Sago · 50 g Corn-flakes

Die Kirschen waschen, von den Stielen befreien und entkernen. $1\,1/4$ l Wasser mit der Zitronenschale, dem Zucker und den Kirschen zum Kochen bringen und etwa 5 Minuten kochen. Den Sago unter Rühren einstreuen und alles noch etwa 15 Minuten kochen lassen. Die Suppe kalt stellen. Die Kaltschale mit Corn-flakes bestreuen und servieren.
Pro Person etwa 245 kcal und kein Fett.

Schweinefilet spezial

500 g Schweinefilet · Salz · Pfeffer
edelsüßes Paprikapulver
1 Prise geriebene Muskatnuß
30 g durchwachsener Speck · 50 g Zwiebel
1 Knoblauchzehe · 100 g saure Sahne
$1/2$ Becher Joghurt

Das Schweinefilet in 12 gleichgroße Scheiben schneiden. Salz, Pfeffer, Paprikapulver und die Muskatnuß miteinander vermischen und die Filetscheiben mit der Gewürzmischung einreiben. Den Speck in kleine Würfel schneiden und die Würfel in einer feuerfesten Form auslassen. Die Filetscheiben dicht nebeneinander in die Form stellen. Die Zwiebel schälen, zusammen mit der Knoblauchzehe fein hacken und zwischen die Fleischscheiben verteilen. Das Fleisch im Ofen 30 bis 35 Minuten braten. Die Sahne mit dem Joghurt verrühren, mit Salz abschmecken, die Mischung über das Fleisch gießen und heiß werden lassen. Mit Paprikapulver bestäubt servieren.
Pro Person etwa 315 kcal und 20 g Fett.

Wachsbohnensalat

600 g Wachsbohnen · Salz
Bohnenkraut · 1/2 Becher Joghurt
5 g geriebener Meerrettich
Saft von 1 Zitrone
Pfeffer · 1 Prise Zucker
1 Eßl. gehackter Dill und Petersilie

Die Wachsbohnen waschen, abfädeln und einmal durchschneiden. 1 Tasse Wasser mit Salz und Bohnenkraut zum Kochen bringen, die Bohnen hineingeben und bei geschlossenem Topf etwa 20 Minuten dünsten; dann erkalten lassen.
Aus dem Joghurt, dem geriebenen Meerrettich, dem Zitronensaft, Salz, Pfeffer und dem Zucker eine Salatsauce bereiten, die gehackten Kräuter dazugeben und die Sauce pikant abschmecken. Die Wachsbohnen mit der Salatsauce übergießen und 1 Stunde durchziehen lassen.
Pro Person etwa 75 kcal und 1 g Fett.

Französisches Melonendessert

1 Melone von etwa 500 g
Saft von 1 Zitrone
2 Eßl. Kirschwasser
50 g Sahne
50 g Puderzucker

Die Melone in Viertel schneiden. Die Viertel entkernen, schälen und in Würfel schneiden. Den Zitronensaft mit 3 Eßlöffeln Wasser und dem Kirschwasser vermengen und die Melonenwürfel mit der Flüssigkeit übergießen. 1 Stunde in den Kühlschrank stellen. Die Sahne mit dem Puderzucker halbsteif schlagen, die Melonenstücke damit garnieren und servieren.
Pro Person etwa 120 kcal und 4 g Fett.

Allgäuer Käsesalat

1 Becher Joghurt · Saft von 1 Zitrone · Salz
1 Prise Zucker · 150 g Äpfel
250 g Emmentaler Käse
100 g Gewürzgurken
10 g Röstzwiebeln (Fertigprodukt)

Aus dem Joghurt, dem Zitronensaft, Salz und dem Zucker eine pikante Salatsauce bereiten.
Die Äpfel schälen, in Viertel teilen und das Kerngehäuse entfernen. Die Äpfel, den Käse und die Gurken in gleichmäßige Streifen schneiden. Die Apfel-, Käse- und Gurkenstreifen in einer Schüssel mit der Salatsauce vermengen. Den Salat abschmecken und etwa 1 Stunde kalt stellen. Dann die Röstzwiebeln unterziehen und den Salat sofort servieren.
Pro Person etwa 255 kcal und 20 g Fett.

September

Das Jahr hat seinen sommerlichen Höhepunkt überschritten. Die kluge Hausfrau nutzt die Erntezeit und schafft Vorrat. Wer nicht selbst einkocht, kann später auf Tiefkühlkost und Konserven zurückgreifen, und die Konservierungsmethoden sind heutzutage durchweg vitaminschonend.
Vernünftige Nahrungsauswahl allein aber genügt nicht. Durch eine schlechte Mahlzeitenverteilung ist die Leistungsfähigkeit großen Schwankungen unterworfen, und der Verlauf der Leistungskurve läßt sich durch eine gezielte Nahrungszufuhr beeinflussen. Die Kurve unterliegt einem 24-Stunden-Rhythmus. Sie steigt ab 3 Uhr morgens allmählich und zu Beginn der Frühstückszeit stärker an und hat zwischen 10 und 12 Uhr ihren Höhepunkt erreicht. Danach fällt sie zunehmend ab und erholt sich nach etwa 2 bis 3 Stunden zu einem zweiten, allerdings niedrigeren Gipfel als am Vormittag. Dann sinkt sie allmählich bis zum tiefsten Punkt in den frühen Morgenstunden ab.
Bei einem täglichen Verbrauch von etwa 2600 kcal muß der Kalorienanteil, auf 3 Mahlzeiten verteilt, höher liegen als bei 5 Mahlzeiten. Mit einer Kalorienbeschränkung bei den Hauptmahlzeiten wird einerseits die »Mittagsmüdigkeit« schneller überwunden, andererseits die Nachtruhe gefördert. Durch eine Vermehrung der Mahlzeiten von 3 auf 5 steigt erfahrungsgemäß die Arbeitsleistung. Somit kommt den Zwischenmahlzeiten eine große Bedeutung zu, besonders dem ersten Frühstück mit der Zwischenmahlzeit am Vormittag. Dabei entscheidet nicht die Quantität, sondern die Qualität. Für ihre Bemessung spielt die körperliche Beanspruchung des Menschen eine wichtige Rolle. Die Zwischenmahlzeiten erfüllen aber nur dann ihre Aufgabe, wenn sie sich im Rahmen der Tageskost mit den Hauptmahlzeiten sinnvoll ergänzen. Oft werden Eiweiß, Vitamine und Mineralstoffe in zu geringer Menge geboten. Durch erhöhten Verzehr von Milch, Käse, Quark, Fleisch, Fisch und Eiern, von Obst und Obstsäften, von Vollkorn- und Knäckebrot kann diesem Mangel begegnet werden.
Der September bietet noch reichlich frisches Obst, dazu früher weitgehend unbekannte Früchte wie Auberginen, Peperoni, Paprikaschoten, Melonen und Mais. Fische und das erste Wildbret runden das Angebot ab.

	Mittagessen	Abendessen
MONTAG	Schottischer Kohltopf Brombeerdessert *(Menü pro Person* *etwa 750 kcal und 37 g Fett)*	Birnentraum Brot · Butter/Margarine Aufschnitt
DIENSTAG	Pflaumenweich gekochte Eier Endiviensalat Stampfkartoffeln mit Specksauce Apfeldessert *(etwa 655 kcal und 30 g Fett)*	Waldorfsalat Knäckebrot Butter/Margarine kalter Hackbraten
MITTWOCH	Gemüse provençale Roastbeef · Salzkartoffeln Teecreme *(etwa 795 kcal und 28 g Fett)*	Gebackenes Zwiebelbrot Kopfsalat Dreifruchtkompott
DONNERSTAG	Traubensaft Schweine-Geschnetzeltes Risotto Kopfsalat, feine Art *(etwa 725 kcal und 22 g Fett)*	Tomatensaft Garniertes Tatar Toast · Brot Butter/Margarine (Bild Seite 135)
FREITAG	Paprika-Tomaten-Fleisch Salzkartoffeln mit Petersilie Birnenkompott *(etwa 830 kcal und 29 g Fett)*	Apfel-Auflauf Brot · Butter/Margarine Angemachter Camembert
SAMSTAG	Pflaumenkaltschale Pilzragout · Semmelknödel *(etwa 735 kcal und 32 g Fett)*	Sauerkraut-Frucht-Salat mit Schinken Brot · Butter/Margarine
SONNTAG	Bouillon mit Schinken- klößchen Rehsteak mit Früchten Spätzle *(etwa 830 kcal und 31 g Fett)* (Bild Seite 101)	Helgoländer Salat Illustrierte Brote Fruchtiger Drink

Schottischer Kohltopf

400 g Hammelfleisch · 40 g Margarine
600 g Weißkohl · 150 g Möhren
150 g Äpfel · 150 g Zwiebeln
500 g Kartoffeln
1/4 l Brühe oder 1/4 l Wasser und 10 g gekörnte Brühe
Salz · 2 Eßl. gehackte Petersilie

Das Hammelfleisch in Würfel schneiden. Die Margarine in einer Pfanne erhitzen und die Fleischwürfel darin anbraten. Von dem Weißkohl schlechte Blätter entfernen und die Möhren putzen. Den Weißkohl in Streifen und die Möhren in Stifte schneiden. Die Äpfel schälen, das Kerngehäuse entfernen und die Äpfel in dicke Scheiben schneiden. Die Zwiebeln und die Kartoffeln schälen, die Zwiebeln in Würfel, die Kartoffeln in Scheiben schneiden. Alle Zutaten abwechselnd mit dem Fleisch in einen Topf lagenweise einschichten, mit Kartoffelscheiben anfangen und aufhören. Die Brühe erhitzen und mit Salz pikant abschmecken oder die gekörnte Brühe in dem heißen Wasser auflösen. Die Flüssigkeit über den Topfinhalt gießen. Den Topf mit dem Deckel fest schließen und das Gericht in etwa 30 bis 40 Minuten garen, mit der Petersilie bestreuen und servieren.
Pro Person etwa 520 kcal und 29 g Fett.

Brombeerdessert

250 g Brombeeren · 40 g Zucker
20 g Stärkemehl · 50 g Schwarzbrot
20 g Rum · 100 g steifgeschlagene Sahne

Die Brombeeren vorsichtig waschen, von den Stielen befreien und mit 1/8 l Wasser und dem Zucker etwa 3 Minuten kochen. Das Stärkemehl mit 2 Eßlöffeln Wasser glattrühren, die Brombeeren damit binden und nochmals 1 Minute kochen. Die Masse in eine Glasschüssel oder in Portionsschälchen füllen und kalt stellen. Das Schwarzbrot sehr fein zerkrümeln, mit dem Rum und der Schlagsahne vermischen und das erkaltete Dessert damit garnieren.
Pro Person etwa 230 kcal und 8 g Fett.

Birnentraum

4 mittlere Birnen (etwa 500 g)
50 g kandierter Ingwer mit Sirup
50 g Rosinen · 30 g Zucker
etwas Fett für die Form · 1/8 l Weißwein
50 g Himbeergelee
100 g Löffelbiskuits

Die Birnen waschen, schälen und das Kerngehäuse herausstechen. Dann den Ingwer in kleine Stücke schneiden, die Rosinen, die Ingwerstückchen, den Ingwersirup und den Zucker miteinander vermischen. Die Masse in die Birnenöffnungen füllen. Eine Auflaufform einfetten und die Früchte aufrecht in die Form stellen. Den Weißwein darübergießen und die Birnen im Ofen dünsten, bis sie weich sind. Dann die Birnen herausnehmen. In den Saft, der sich beim Dünsten gebildet hat, das Himbeergelee geben und zergehen lassen. Den Saft über die Birnen träufeln und den Birnentraum sofort mit den Löffelbiskuits servieren.
Pro Person etwa 290 kcal und 1 g Fett.

Stampfkartoffeln

1 kg Kartoffeln · 1/8 l Milch · 20 g Butter
Salz · 1 Prise geriebene Muskatnuß

Die Kartoffeln schälen und dämpfen. Die Milch mit der Butter erwärmen. Die garen Kartoffeln abgießen, die warme Milch dazugeben und die Kartoffeln grob zerstampfen. Mit Salz und der Muskatnuß abschmecken. Die Stampfkartoffeln in eine Schüssel füllen, die Specksauce (nächstes Rezept) darüberfüllen und servieren.
Pro Person etwa 228 kcal und 6 g Fett.

Specksauce

50 g Zwiebel · 50 g magerer Speck · 1 Eßl. Öl
4 Eßl. Essig · 10 g Zucker · Salz · Pfeffer
1 Eßl. gehackte Petersilie

Die Zwiebel schälen. Den Speck und die Zwiebel in feine Würfel schneiden. Das Öl in einem Topf erhitzen und die Speck- und Zwiebelwürfel darin bräunen. Den Essig und den Zucker dazugeben. Die Sauce mit Salz und Pfeffer abschmecken und die Petersilie darunterziehen. Die Specksauce über die Stampfkartoffeln (voriges Rezept) gießen und servieren.
Pro Person etwa 125 kcal und 11 g Fett.

Apfeldessert

1 Becher Joghurt · 30 g Zucker
Saft von 1 Zitrone · 750 g Äpfel
30 g geriebene Nüsse

Den Joghurt mit dem Zucker und dem Zitronensaft schlagen. Die Äpfel waschen, schälen und grob in den Joghurt raspeln. Die Masse vermischen und abschmecken. Das Apfeldessert in eine Schüssel füllen, mit den Nüssen bestreuen und sofort servieren.
Pro Person etwa 205 kcal und 6 g Fett.

Waldorfsalat

$^1/_2$ Becher Joghurt · Saft von 1 Zitrone
20 g Zucker · 400 g säuerliche Äpfel
300 g Sellerie · 200 g Ananas
30 g gehackte Walnüsse

Aus dem Joghurt, dem Zitronensaft und dem Zucker eine Salatsauce bereiten. Die Äpfel und den Sellerie waschen, schälen, grob raspeln und die Raspel gleich mit der Salatsauce vermengen. Die Ananas in feine Streifen schneiden, unter den Salat geben und abschmecken. Den Salat mit den gehackten Nüssen bestreuen und servieren.
Pro Person etwa 185 kcal und 6 g Fett.

Gemüse provençale

50 g durchwachsener Speck
100 g Zwiebeln · 2 Knoblauchzehen · 1 Eßl. Öl
250 g Auberginen · 200 g Zucchetti
200 g Paprikaschoten · 250 g Tomaten
je 1 Prise Thymian und Majoran
Salz · Pfeffer

Den Speck in Würfel schneiden, die Zwiebeln schälen und in Ringe schneiden. Die Knoblauchzehen fein hacken. Das Öl in einem Topf erhitzen, die Speckwürfel darin auslassen, die Zwiebelringe und den Knoblauch darin dünsten. Die Auberginen kurz in kochendes Wasser tauchen und schälen. Die Zucchetti schälen. Die Auberginen und Zucchetti in Scheiben schneiden und in den Topf geben. Die Paprikaschoten halbieren und von Stiel und Kernen befreien. Die Tomaten einritzen, 1 Minute in kochendes Wasser tauchen und schälen. Die Paprikaschoten in Streifen und die Tomaten in Scheiben schneiden und ebenfalls zu dem Gemüse geben.

Den Thymian, den Majoran, Salz und Pfeffer darüberstreuen und gut umrühren. Das Gemüse bei geschlossenem Topf etwa $^3/_4$ Stunde dünsten. Nochmals abschmecken und servieren.
Pro Person etwa 190 kcal und 11 g Fett.

Teecreme

4 gehäufte Teel. schwarzer Tee · $^3/_8$ l Milch
100 g Zucker · 2 Eier · 50 g Stärkemehl
30 g Rum · Saft von 1 Zitrone

Die Teeblätter mit $^1/_4$ l kochendem Wasser aufbrühen und das Wasser auf den Blättern erkalten lassen. Die Milch mit dem Zucker zum Kochen bringen, den kalten Tee durch ein Sieb gießen. Die Eier trennen. Die Eigelbe und das Stärkemehl mit dem Tee glattrühren und die Mischung in die kochende Milch geben. Das Ganze etwa 1 Minute kochen lassen. Die Masse mit dem Rum und dem Zitronensaft abschmecken. Die Eiklar mit 1 Eßlöffel Wasser zu steifem Schnee schlagen. Den Eischnee unter die Creme ziehen. Die Teecreme in eine Glasschale füllen und kalt stellen.
Pro Person etwa 260 kcal und 6 g Fett.

Gebackenes Zwiebelbrot

60 g durchwachsener Speck · 500 g Zwiebeln
1 Becher Joghurt · 50 g Mehl
1 Teel. gekörnte Brühe · 1 Eigelb · Salz
4 Scheiben Weißbrot (200 g)
20 g geriebener Parmesankäse

Den Speck in Würfel schneiden und die Würfel in einem Topf auslassen. Die Zwiebel schälen und in feine Würfel schneiden. Die Zwiebelwürfel zu dem Speck geben und leicht bräunen lassen. Alles mit dem Joghurt auffüllen und bei schwacher Hitze etwa 10 Minuten dünsten. Das Mehl und die gekörnte Brühe darüberstreuen, durchrühren und noch etwa 10 Minuten dünsten. Die Masse erkalten lassen, das Eigelb unterziehen und mit Salz abschmecken. Die Masse auf die Weißbrotscheiben streichen, mit dem Käse bestreuen und die Brote im Ofen in etwa 10 bis 15 Minuten goldbraun überbacken. Sofort servieren.
Pro Person etwa 315 kcal und 14 g Fett.

Dreifruchtkompott

250 g Äpfel · 250 g Birnen · 250 g Pflaumen
75 g Zucker

Das Obst waschen. Die Äpfel und die Birnen schälen, in Viertel schneiden und die Kerngehäuse entfernen. Die Pflaumen halbieren und entsteinen.
$^1/_2$ l Wasser mit dem Zucker aufkochen, die Früchte hineingeben und 10 Minuten kochen. Das Kompott erkalten lassen und servieren.
Pro Person etwa 160 kcal und kein Fett.

Schweine-Geschnetzeltes

400 g Schweinelende · 30 g Mehl
100 g Zwiebeln · 1 Knoblauchzehe · 20 g Öl
Salz · Pfeffer · edelsüßes Paprikapulver
150 g Rotwein · 1 Eßl. Tomatenketchup
50 g saure Sahne

Das Schweinefleisch in sehr feine Streifen schneiden und die Streifen in dem Mehl wenden. Die Zwiebeln schälen und in Würfel schneiden. Die Knoblauchzehe schälen. Das Öl in einer Pfanne erhitzen, das Fleisch darin

unter ständigem Wenden rasch anbraten. Sobald das Fleisch Farbe annimmt, die Zwiebelwürfel und die Knoblauchzehe mitrösten. Dann alles mit Salz, Pfeffer und Paprikapulver bestreuen, den Wein und das Tomatenketchup dazugeben und das Ganze etwa 5 Minuten dünsten. Die saure Sahne unterziehen. Das Gericht nochmals abschmecken und servieren.
Pro Person etwa 325 kcal und 11 g Fett.

Risotto

50 g Zwiebel · 1 Eßl. Öl · 250 g Reis
10 g gekörnte Brühe
1 Eßl. geschnittener Schnittlauch

Die Zwiebel schälen und fein würfeln. Das Öl in einem Topf erhitzen und die Zwiebelwürfel darin dünsten. ³/₄ l Wasser zum Kochen bringen. Den Reis zu den Zwiebelwürfeln geben und unter Rühren glasig werden lassen, dann mit dem kochenden Wasser auffüllen und die gekörnte Brühe darin auflösen. Den Topf fest zudecken und den Reis bei schwacher Hitze auf dem Herd oder im Ofen in etwa 20 Minuten gar quellen lassen. Den Risotto mit dem Schnittlauch bestreuen und servieren.
Pro Person etwa 185 kcal und 6 g Fett.

Kopfsalat, feine Art

100 g Dosenmilch · 1 Eßl. Öl
Saft von 1 Zitrone
Salz · Pfeffer · 1 Prise Zucker
50 g Zwiebel
1 Eßl. gehackte Kräuter
100 g Möhren · 1 Ei
1 Kopf Salat

Aus der Dosenmilch, dem Öl, dem Zitronensaft, Salz, Pfeffer und dem Zucker eine Salatsauce bereiten. Die Zwiebel schälen und in feine Würfel schneiden. Die Zwiebelwürfel und die Kräuter zur Sauce geben. Die Möhren waschen, putzen und grob in die Sauce raspeln. Das Ei hart kochen, kalt abschrekken, abschälen und fein hacken. Den Salat von welken Blättern befreien, die anderen Blätter vom Strunk lösen, waschen, gut abtropfen lassen und große Blätter zerteilen. Die Salatblätter kurz vor dem Servieren unter die Salatsauce mengen und das gehackte Ei über den Salat streuen.
Pro Person etwa 140 kcal und 4 g Fett.

Garniertes Tatar

100 g Zwiebeln · 1 Eßl. Kapern
4 Sardellenfilets
400 g durchgedrehtes Rindfleisch (Tatar)
30 g Tomatenketchup · 4 Eigelbe
Salz · Pfeffer · edelsüßes Paprikapulver
1 Messerspitze Kümmel · 200 g Mixpickles

Die Zwiebeln schälen und in feine Würfel schneiden. Die Kapern und die Sardellenfilets mit einer Gabel zerdrücken. Das Fleisch, die Zwiebelwürfel, die zerdrückten Kapern und Sardellenfilets, das Ketchup und die Eigelbe mit der Gabel vermischen. Mit Salz, Pfeffer, Paprikapulver und dem Kümmel pikant abschmecken. Aus der Masse 4 runde Fleischbällchen formen, diese mit einem Messer auf der Oberfläche gitterförmig eindrükken. Das angemachte Tatar auf einer Platte oder auf 4 Tellern anrichten, mit den Mixpickles garnieren und sofort servieren. (Bild Seite 135)
Pro Person etwa 400 kcal und 12 g Fett.

Paprika-Tomaten-Fleisch

400 g Hammelfleisch · 40 g Margarine
150 g Zwiebeln
3 Tassen Brühe aus Wasser und
10 g gekörnter Brühe
250 g grüne Paprikaschoten · 20 g Mehl
60 g saure Sahne · 500 g Tomaten · Salz
Pfeffer · 1 Eßl. gehackte Petersilie

Das Hammelfleisch in 3 cm große Würfel schneiden. Die Margarine in einem Topf erhitzen, die Fleischwürfel darin anbraten. Die Zwiebeln schälen und in Würfel schneiden. Die Zwiebelwürfel zu dem Fleisch geben und braun werden lassen, die Brühe dazugießen und alles etwa 40 Minuten dünsten.
Die Paprikaschoten halbieren, von Kernen und Stiel befreien und in Streifen schneiden. Die Paprikastreifen zu dem Fleisch geben und weitere 20 Minuten dünsten. Das Mehl mit der sauren Sahne verrühren. Die Tomaten einritzen, 1 Minute in kochendes Wasser legen, schälen und in Achtel schneiden. Das angerührte Mehl und die Tomatenachtel in das Paprikafleisch geben und noch etwa 10 Minuten kochen lassen. Das Gericht mit Salz und Pfeffer abschmecken, mit Petersilie bestreuen und servieren.
Pro Person etwa 510 kcal und 29 g Fett.

Birnenkompott

1 kg Kochbirnen
2 Eßl. Zitronensaft
1 Zimtstange
50 g Zucker

Die Birnen schälen, in Viertel teilen und das Kerngehäuse entfernen. 1/4 l Wasser mit dem Zitronensaft, der Zimtstange und dem Zucker aufkochen, die Birnenviertel einlegen und bei kleiner Hitze weich kochen. Die Zimtstange herausnehmen, die Birnen erkalten lassen und servieren.
Pro Person etwa 150 kcal und kein Fett.

Apfel-Auflauf

600 g Äpfel · Saft von 1 Zitrone
1 Ei · 40 g Zucker
1 Päckchen Vanillinzucker
45 g Mehl · 15 g Stärkemehl
1 gestrichener Teel. Kakao
etwas Fett für die Form

Die Äpfel schälen, in Viertel schneiden, das Kerngehäuse entfernen, die Apfelstücke in dünne Scheiben schneiden und mit dem Zitronensaft beträufeln. Das Ei trennen. Das Eigelb mit 2 Eßlöffeln warmem Wasser, dem Zucker und dem Vanillinzucker schaumig rühren. Das Mehl, das Stärkemehl und den Kakao dazugeben. Das Eiklar mit 1 Eßlöffel Wasser sehr steif schlagen und den Eischnee unter den Teig ziehen. Eine Auflaufform ausfetten. Die Teigmasse einfüllen und die Apfelscheiben darauflegen. Den Auflauf im Ofen bei Mittelhitze etwa 40 Minuten backen.
Pro Person etwa 215 kcal und 2 g Fett.

Angemachter Camembert

125 g Camembert · 20 g Butter · 50 g Quark
30 g Zwiebel · gemahlener Kümmel · Salz
edelsüßes Paprikapulver

Den Camembert mit der Gabel zerdrücken, dann mit der Butter und dem Quark glattrühren. Die Zwiebel schälen und in sehr feine Würfel schneiden. Die Camembertmasse mit

den Zwiebelwürfeln, Kümmel und Salz abschmecken, auf einem Teller kugelförmig anrichten, mit Paprikapulver bestreuen und servieren.
Pro Person etwa 145 kcal und 6 g Fett.

Pflaumenkaltschale

500 g Pflaumen
Saft und Schale von 1 Zitrone (chemisch nicht behandelt)
40 g Zucker · 25 g Stärkemehl
50 g Suppenmakronen

Die Pflaumen waschen, halbieren und entsteinen. $1^1/_4$ l Wasser mit der Zitronenschale und dem Zucker aufkochen, die Früchte dazugeben und 10 Minuten kochen. Das Stärkemehl mit 2 Eßlöffeln Wasser glattrühren und die Suppe damit binden. Noch 1 Minute kochen lassen. Mit dem Zitronensaft abschmecken und kalt stellen. Die Kaltschale mit den Suppenmakronen bestreuen und servieren.
Pro Person etwa 190 kcal und 1 g Fett.

Pilzragout

1 kg Pilze (Pfifferlinge, Champignons, Steinpilze)
100 g Zwiebeln
80 g durchwachsener Speck
150 g Tomaten
20 g Stärkemehl · Salz
Pfeffer · 5 g gekörnte Brühe
1 Eßl. gehackte Petersilie

Die Pilze sorgfältig putzen, waschen, abtropfen lassen und in Stücke schneiden. Die Zwiebeln schälen, den Speck und die Zwiebeln in kleine Würfel schneiden. Den Speck in einem Topf auslassen und dann die Zwiebelwürfel darin glasig dünsten. Die Tomaten einritzen, 1 Minute in kochendes Wasser legen, schälen, in Viertel schneiden und die Kerne entfernen. Die Pilze und die Tomatenviertel zu dem Speck geben und im eigenen Saft bei geschlossenem Topf etwa 25 Minuten dünsten. Das Stärkemehl mit 1 Eßlöffel Wasser glattrühren, die Pilze damit binden und noch etwa 1 Minute durchkochen lassen. Das Pilzragout mit Salz, Pfeffer und der gekörnten Brühe abschmecken, mit der Petersilie bestreuen und servieren.
Pro Person etwa 220 kcal und 13 g Fett.

Semmelknödel

300 g altbackene Semmeln (Brötchen)
$^3/_8$ l Milch
2 Eier
10 g Röstzwiebeln (Fertigprodukt)
2 Eßl. gehackte Petersilie
Salz

Die Semmeln in dünne Scheiben schneiden. Die Milch zum Kochen bringen, die Semmelscheiben damit übergießen und etwa 1 Stunde durchziehen lassen. Dann die Eier, die Röstzwiebeln und die Petersilie darunterrühren und die Masse mit Salz abschmecken.
In einem Topf Wasser mit Salz zum Kochen bringen. Aus der Masse mit nassen Händen gleichmäßige Knödel (Klöße) formen und diese in das kochende Wasser geben. Etwa 15 Minuten ziehen lassen. Auf eine tiefe Platte eine umgedrehte Untertasse legen, die Knödel mit einer Schaumkelle herausnehmen, auf der Platte anrichten und servieren.
Pro Person etwa 325 kcal und 8 g Fett.

Sauerkraut-Frucht-Salat mit Schinken

300 g Sauerkraut · 250 g rote Äpfel
200 g Ananas aus der Dose
50 g Zwiebel · 30 g Öl · 100 g Ananas-Saft
Saft von 1 Zitrone · Salz · 1 Prise Zucker
4 Scheiben gekochter Schinken zu je 50 g

Das Sauerkraut auseinanderzupfen und mundgerecht zerschneiden. Die Äpfel waschen, in Viertel schneiden, das Kerngehäuse entfernen und die Viertel in Scheiben schneiden. Die Ananas in Stücke schneiden. Die Zwiebel schälen und reiben. Das Sauerkraut, die Apfelscheiben, die Ananasstücke und die Zwiebel in einer Schüssel mit dem Öl, dem Ananas- und Zitronensaft, Salz und dem Zucker vermengen. Den Salat abschmecken und durchziehen lassen. Die Schinkenscheiben aufrollen. Den Salat mit den Schinkenrollen garnieren und servieren.
Pro Person etwa 325 kcal und 18 g Fett.

Bouillon mit Schinkenklößchen

2 altbackene Brötchen · 1/8 l Milch · 2 Eier
20 g Butter · 80 g roher Schinken
1 Eßl. gehackte Kräuter · Salz · Pfeffer
1 l Fleischbrühe

Die Brötchen in Scheiben schneiden und in der Milch einweichen. Die Eier trennen. Die Butter schaumig rühren. Die geweichten Brötchen ausdrücken. Den Schinken in Würfel schneiden. Die Eigelbe, die Schinkenwürfel, die ausgedrückten Brötchen und die Kräuter in die Butter rühren. Die Masse mit Salz und Pfeffer abschmecken. Die Eiklar sehr steif schlagen und den Eischnee unter die Brötchenmasse ziehen. Die Fleischbrühe zum Kochen bringen. Mit einem nassen Löffel kleine Klößchen vom Teig abstechen, diese in die siedende Fleischbrühe geben und darin 5 bis 8 Minuten gar ziehen, aber nicht kochen lassen. Die Bouillon mit den Schinkenklößchen servieren. (Bild Seite 101)
Pro Person etwa 260 kcal und 16 g Fett.

Rehsteak mit Früchten

2 Birnen (200 g) · 2 Pfirsiche (200 g)
20 g Zucker · 4 Rehsteaks zu je 100 g
Ingwerpulver · Salz · 30 g Öl
1 Eßl. eingemachte Preiselbeeren

Die Früchte schälen und halbieren. Die Birnen vom Kerngehäuse befreien, die Pfirsiche entsteinen. 1 Tasse Wasser mit dem Zucker zum Kochen bringen, die Früchte hineingeben und etwa 10 Minuten kochen lassen. Die Steaks leicht klopfen. Ingwerpulver und Salz miteinander mischen und die Steaks damit einreiben. Das Öl in einer Pfanne erhitzen, die Steaks hineinlegen und von beiden Seiten schnell braun braten. Die Steaks auf einer Platte anrichten.
Die Früchte mit den Preiselbeeren garnieren und heiß zu den Rehsteaks servieren. (Bild Seite 101)
Pro Person etwa 230 kcal und 11 g Fett.

Spätzle

375 g Mehl · 2 Eier · Salz

Das Mehl in eine Schüssel sieben, die Eier in die Mitte geben und mit dem Mehl von der Mitte her verrühren. 1/2 Teelöffel Salz dazugeben und unter Rühren langsam 1/5 l Wasser dazugießen. Den Teig so lange schlagen, bis er zähflüssig ist. In einem flachen Topf 1 1/2 bis 2 l Wasser mit 1/2 Eßlöffel Salz zum

Kochen bringen. Den Teig nach und nach gleichmäßig und dünn auf ein nasses Holzbrett streichen und mit einem langen, nassen Messer einen Teil des Teiges in sehr feinen Streifen in das kochende Wasser schaben. Das Messer muß dabei immer wieder in kaltes Wasser getaucht werden. Wenn die Spätzle an die Wasseroberfläche kommen, sie mit einer Schaumkelle herausnehmen, auf ein Sieb geben und mit kaltem Wasser übergießen. Die Spätzle in einer Schüssel warm stellen, bis alle gekocht sind. (Bild Seite 101)
Pro Person etwa 340 kcal und 4 g Fett.

Helgoländer Salat

1/2 Becher Joghurt · 30 g Öl
Saft von 1 Zitrone · Salz · Pfeffer
1 Prise Zucker
1 Eßl. gehackte Kräuter (Dill, Petersilie, Schnittlauch)
250 g Krabben · 220 g Champignons
200 g Äpfel · 100 g Gewürzgurken

Aus dem Joghurt, dem Öl, dem Zitronensaft, Salz, Pfeffer, dem Zucker und den Kräutern eine Salatsauce bereiten. Die Krabben waschen, die Champignons halbieren. Die Äpfel waschen, schälen, halbieren und das Kerngehäuse entfernen. Die Äpfel und die Gurken in Scheiben schneiden. Die Krabben, die Champignons, die Apfel- und die Gurkenscheiben mit der Sauce vermengen. Den Salat abschmecken und durchziehen lassen.
Pro Person etwa 215 kcal und 12 g Fett.

Illustrierte Brote

50 g Vollkornbrot (8 kleine Scheiben)
50 g Pumpernickel (8 kleine Scheiben)
30 g Butter · 70 g Tomate · 1 Ei
30 g Lachsschinken in Scheiben
30 g Käse in Scheiben (40 % Fett i. T.)
10 g Zwiebel · 1 Zweig Petersilie
1/2 Kopf Salat

Die einzelnen Brotscheiben (Cocktailbrote) mit Butter bestreichen. Die Tomate in 4 Scheiben schneiden. Das Ei hart kochen, kalt abschrecken, schälen und in Viertel schneiden. Aus den Schinken- und den Käsescheiben in Form der Cocktailbrote Kreise ausschneiden. Jedes Vollkornbrot mit je einer Tomatenscheibe beziehungsweise einem Eiviertel belegen. Jede Pumpernickelscheibe mit dem Schinken beziehungsweise dem Käse belegen. Die Zwiebel schälen und in sehr feine Ringe schneiden. Die Tomatenbrote mit je 1 Zwiebelring, die Eibrote mit je 1 Stückchen Petersilie garnieren. Den Kopfsalat von welken Blättern befreien, teilen, waschen und abtropfen lassen. Die Blätter auf eine flache Platte legen. Die Brote auf den Salatblättern anrichten und servieren.
Pro Person etwa 95 kcal und 7 g Fett.

Fruchtiger Drink

300 g Pfirsiche · Saft von 1 Zitrone
40 g Zucker · 1 Flasche Selterswasser
einige Eisstückchen

Die Pfirsiche schälen, halbieren und entsteinen, das Fruchtfleisch mit einer Gabel sehr fein zerdrücken oder im Mixer pürieren. Den Brei mit dem Zitronensaft und dem Zucker vermischen, bis der Zucker zergangen ist. Die Mischung in Gläser füllen, dann mit dem Selterswasser auffüllen, Eisstückchen hineingeben und den Drink servieren.
Pro Person etwa 70 kcal und kein Fett.

Oktober

Nun ist der Sommer vorbei, doch der Herbst bringt noch so manchen schönen Tag. Über die Felder zieht der Rauch der Kartoffelfeuer. Die Kartoffel, oft zu Unrecht verachtet, gehört zu unseren wichtigsten Grundnahrungsmitteln. Kartoffeln machen auch nicht dick, wenn sie richtig in den Speiseplan eingeordnet werden. 100 g Kartoffeln ohne Schale haben zum Beispiel nur 85 kcal, 100 g Reis dagegen haben 368 kcal. Auch viele Krautsorten werden jetzt geerntet. Für gewöhnlich erscheinen Krautgerichte und auch Kartoffeln nicht auf dem Speisezettel der Feinschmecker. Wenn sie entsprechend zubereitet werden, begeistern sie aber auch den verwöhnten Gaumen. Ein Gang über den Markt wird jetzt zum Augenschmaus: Gemüse in allen Farbschattierungen und dazu eine leuchtende Fülle bunter Herbstblumen.
Das Jahr fängt an Abschied zu nehmen, und wie in der Natur, so schließt sich auch einmal der Lebenskreis des Menschen. Alt zu werden ist der Wunsch vieler, aber altern möchte niemand gerne. Ein wirksames Mittel, das Altern so lange wie möglich hinauszuzögern, ist sicher eine richtige, das heißt dem Nahrungsbedarf angepaßte Ernährung. Mit zunehmendem Alter wird eine Kalorienbeschränkung notwendig, da die körperliche Tätigkeit nachläßt und die Bewegungen langsamer werden, wodurch sich der Energieverbrauch verringert. Sie wird durch Reduzierung von Fett und Kohlenhydraten erreicht. Eiweiß, Vitamine und Mineralstoffe müssen aber gleichbleibend oder sogar etwas vermehrt zugeführt werden. Da auch der Verdauungsapparat in vorgeschrittenem Alter nicht mehr so leistungsfähig ist, sollen blähende Speisen, wie zum Beispiel Kohl und Hülsenfrüchte, vermieden und dafür leicht verdauliche Gerichte bevorzugt werden. Milch und Milchprodukte sind auch aus dieser Kost nicht fortzudenken. Wenn das Angebot an zellulosearmen Gemüsen nachläßt, gibt es immer noch andere Sorten, die neben Kartoffeln, magerem Fleisch und Fisch einen abwechslungsreichen Speisezettel garantieren, wenn man auch das ausländische Angebot richtig nutzt. Wer von Kindheit an richtige Ernährung genossen hat, dem kommt das im Alter zugute. Die Mohammedaner sagen: »Allah hat jedem eine bestimmte Menge Speisen zugewiesen. Wie lange er damit auskommt, liegt an ihm.«

	Erstes Frühstück	Zweites Frühstück
MONTAG	Getränk nach Wahl Brot · Butter/Margarine Quark · Marmelade	Milch · Obst · Zwieback
DIENSTAG	Getränk nach Wahl Brötchen · Brot Butter/Margarine Aufschnitt · Gelee	Melone · Knäckebrot
MITTWOCH	Getränk nach Wahl Brötchen · Knäckebrot Butter/Margarine Wurst · Marmelade	Tomatenbrot · Buttermilch
DONNERSTAG	Getränk nach Wahl Brot · Butter/Margarine Ei · Honig	Obstjoghurt · Corn-flakes
FREITAG	Traubensaft Getränk nach Wahl Brot · Butter/Margarine Quark · Marmelade	Milchmix · Keks
SAMSTAG	Getränk nach Wahl Brot · Toast Butter/Margarine Aufschnitt · Käse	Obst
SONNTAG	Brunch (kombiniertes Frühstück u. Mittagessen) Hühnerbrühe mit Spargel Flämischer Eiertopf · Toast Weintrauben *(etwa 725 kcal und 14 g Fett)*	entfällt (siehe erstes Frühstück)

Mittagessen	Nachmittag	Abendessen
Sauerkraut-Auflauf mit Würstchen Apfelkompott m. Vanillesauce *(Menü pro Person etwa 680 kcal und 30 g Fett)*	Getränk nach Wahl Vollkornbrot mit Pflaumenmus	Vogelfutter Toast · Brot Butter/Margarine Tomaten
Hagebutten-Milchmix Pikante Quarkrolle mit Jägersauce Kopfsalat *(etwa 810 kcal und 39 g Fett)*	Getränk nach Wahl Kleingebäck	Aufschnittplatte · Brot Weißbrot · Butter/Margarine Herbstliche Obstplatte mit Weintrauben, Birnen, Pflaumen, Äpfeln
Serbisches Reisfleisch Salat-Teller Preiselbeerschaum *(etwa 785 kcal und 30 g Fett)*	Obst	Spiegelei nach Schweizer Art Toast · Brot Butter/Margarine Birne
Provençal. Kartoffelgericht Rote-Bete-Salat und Gewürzgurke *(etwa 740 kcal und 34 g Fett)*	Getränk nach Wahl Früchtebrot	Österreichische Topfennockerl Holunderbeerkompott Brot · Butter/Margarine kalter Braten
Krabbenragout · Grüner Paprikasalat · Kartoffelschnee Gebackene Bananen *(etwa 750 kcal und 29 g Fett)*	Getränk nach Wahl Vollkornbrot mit Honigbutter	Schinkenmakkaroni Kopfsalat Pflaumenkompott
Würziges Selleriegemüse Salzkartoffeln mit Petersilie Nußcreme *(etwa 735 kcal und 31 g Fett)*	Getränk nach Wahl Waffeln	frisch gepreßter Traubensaft Geflügelsalat Brot · Weißbrot Butter/Margarine
entfällt (siehe erstes Frühstück)	Getränk nach Wahl Nußkuchen	Obst-Sorbet kaltes Rindfleisch mit Meerrettich Brot · Butter/Margarine Käse

Sauerkraut-Auflauf mit Würstchen

50 g Zwiebel · 30 g durchwachsener Speck
500 g Sauerkraut · 100 g Ananasschnitze
1 kg Kartoffeln · Salz · 1/4 l Milch
1 Prise Muskatnuß · 20 g Paniermehl
10 g Butter · 4 Würstchen (je 100 g)

Die Zwiebel schälen. Den Speck und die Zwiebel in kleine Würfel schneiden. Die Speckwürfel in einem Topf auslassen. Die Zwiebelwürfel mit den Speckwürfeln rösten. Das Sauerkraut dazugeben und bei geschlossenem Topf etwa 15 Minuten dünsten. Dann die Ananasschnitze unterrühren.
Die Kartoffeln waschen, schälen und in Salzwasser kochen. Die Kartoffeln abgießen und fein zerstampfen. Die Milch erhitzen und den Kartoffelbrei damit glattrühren. Den Brei mit Salz und der geriebenen Muskatnuß abschmecken. Eine Auflaufform ausfetten. Den Kartoffelbrei und das Sauerkraut lagenweise einschichten, dabei mit Kartoffelbrei anfangen und aufhören. Das Paniermehl darüberstreuen und Butterflöckchen daraufsetzen. Den Auflauf im Ofen bei Mittelhitze 20 Minuten überbacken.
Die Würstchen in kochendes Wasser legen, etwa 8 Minuten sieden, nicht kochen lassen und zu dem Auflauf servieren.
Pro Person etwa 564 kcal und 28 g Fett.

Apfelkompott mit Vanillesauce

1 Eßl. Zitronensaft · 30 g Zucker · 500 g Äpfel
1 Stück Zitronenschale (chemisch nicht behandelt)
1/2 Päckchen Vanillesaucenpulver (ohne Kochen)
1/4 l Milch

1/8 l Wasser mit dem Zitronensaft und dem Zucker in einem Topf erhitzen. Die Äpfel schälen, in Viertel schneiden, das Kerngehäuse entfernen und die Apfelviertel in das Kochwasser geben. Aufkochen lassen, die Zitronenschale zufügen und das Kompott in etwa 10 Minuten gar ziehen lassen. Die Zitronenschale herausnehmen. Das Apfelkompott erkalten lassen und in Portionsschälchen verteilen.
Aus dem Vanillesaucenpulver mit der Milch nach Vorschrift eine Vanillesauce herstellen. Die Sauce über das erkaltete Apfelkompott füllen und servieren.
Pro Person etwa 100 kcal und 2 g Fett.

Vogelfutter

2 Eier · 150 g Corned beef
2 Bunde Schnittlauch
50 g Dosenmilch (7,5 %) · Salz · Pfeffer

Die Eier hart kochen, kalt abschrecken und schälen. Die Eier und das Corned beef klein hacken und den Schnittlauch fein schneiden. Das Corned beef, die Eier und den Schnittlauch mit der Dosenmilch verrühren. Die Masse mit Salz und Pfeffer abschmecken.
Mit Toast servieren.
Pro Person etwa 125 kcal und 7 g Fett.

Hagebutten-Milchmix

40 g Schmelzflocken
1/4 l Hagebuttensaft · 1/4 l Milch

Die Schmelzflocken mit dem Hagebuttensaft vermischen und gleich unter Rühren zu der Milch geben. Das Getränk verteilen und sofort servieren.
Pro Person etwa 95 kcal und 3 g Fett.

Pikante Quarkrolle

250 g Mehl · 25 g Hefe · 10 g Zucker
1/8 l Milch · 30 g Öl · 1 Prise Salz
100 g Zwiebeln · 80 g durchwachsener Speck
150 g Quark · 2 Eigelbe

Das Mehl in eine Schüssel sieben, in die Mitte eine Vertiefung drücken. In die Vertiefung die Hefe bröckeln und den Zucker darüberstreuen. Die Hälfte der Milch anwärmen, über die Hefe gießen und etwas Mehl darüberstäuben. Die Schüssel mit einem Tuch zudecken und das Hefestück an einem warmen Ort so lange gehen lassen, bis die Oberfläche rissig geworden ist. Die Hefe von der Mitte her mit dem Mehl verrühren und die restliche Milch und das Öl dazugeben. Zuletzt das Salz zufügen. Den Teig mit einem Löffel so lange schlagen, bis er Blasen wirft, und nochmals gehen lassen.
Die Zwiebeln schälen. Den Speck und die Zwiebeln in Würfel schneiden. Die Speckwürfel in einer Pfanne auslassen und die Zwiebelwürfel darin rösten. Den Quark mit den Eigelben, den Speck- und den Zwiebelwürfeln vermischen.
Den Teig 3 mm dick zu einem Rechteck ausrollen. Die Quarkmasse gleichmäßig darauf verteilen. Die Teigplatte fest zusammenrollen. Die Rolle mit Milch bestreichen. Ein Backblech mit Spezialpergamentpapier auslegen, die Quarkrolle darauf legen und im Ofen bei Mittelhitze etwa 40 Minuten backen.
Pro Person etwa 545 kcal und 25 g Fett.

Jägersauce

50 g Zwiebel · 150 g Pilze · 30 g Margarine
30 g Mehl · 1/2 l Brühe · Wacholderbeeren
1 Eßl. geschnittener Schnittlauch · Salz

Die Zwiebel schälen und in Würfel schneiden. Die Pilze waschen, putzen und klein schneiden. Die Margarine in einem Topf erhitzen. Das Mehl, die Zwiebelwürfel und die Pilze darin anschwitzen. Mit der Brühe auffüllen, Wacholderbeeren dazugeben und die Sauce etwa 10 Minuten kochen lassen. Den Schnittlauch darunterrühren. Die Sauce mit Salz abschmecken und servieren.
Pro Person etwa 110 kcal und 7 g Fett.

Serbisches Reisfleisch

300 g grüne Bohnen
300 g rote und grüne Paprikaschoten
500 g Tomaten
200 g Schweinefleisch · 100 g Zwiebeln
30 g Öl · 200 g Reis
1/2 l Brühe · Salz · Pfeffer
1 Eßl. gehackte Petersilie

Die Bohnen waschen und die Fäden abziehen. Die Paprikaschoten halbieren, von Stiel und Kernen befreien und in Streifen schneiden. Die Tomaten einritzen, 1 Minute in kochendes Wasser tauchen, schälen und in Scheiben schneiden. Das Fleisch in Würfel schneiden. Die Zwiebeln schälen und in Ringe schneiden.
Das Öl in einem Topf erhitzen, die Fleischwürfel und die Zwiebelringe darin anbraten. Die Bohnen, die Paprikaschotenstreifen, die Tomatenscheiben und den Reis zu dem Fleisch geben. Die Brühe mit Salz und Pfeffer pikant abschmecken und über das Gericht gießen. Alles bei schwacher Hitze 20 bis 25 Minuten im geschlossenen Topf garen. Das Reisfleisch mit der Petersilie bestreuen und servieren.
Pro Person etwa 500 kcal und 21 g Fett.

Salat-Teller

½ Becher Joghurt · 1 Eßl. Öl · 2 Eßl. Essig
Salz · Pfeffer · 1 Prise Zucker
100 g Endiviensalat · 150 g Fenchelknollen
150 g Tomaten · 30 g Zwiebel
1 Eßl. gehackte Petersilie

Aus dem Joghurt, dem Öl, dem Essig, Salz, Pfeffer und dem Zucker eine Salatsauce bereiten. Den Endiviensalat und die Fenchelknollen von den welken Blättern befreien und waschen. Den Fenchel halbieren. Den Fenchel und den Endiviensalat in gleichmäßige Streifen schneiden. Die Tomaten in Scheiben schneiden. Die Salatstreifen und die Tomatenscheiben gefällig auf einer Platte anrichten, mit der Sauce übergießen und ½ Stunde durchziehen lassen. Die Zwiebel, geschält und fein gewürfelt, mit der Petersilie über den Salat streuen und servieren.
Pro Person etwa 65 kcal und 4 g Fett.

Preiselbeerschaum

3 Eiklar · 200 g Preiselbeerkompott
100 g saure Sahne

Die Eiklar mit 2 Eßlöffeln Wasser sehr steif schlagen. Die Preiselbeeren mit der Sahne vermischen und den Eischnee leicht unterheben. Den Preiselbeerschaum in eine Glasschüssel füllen und sofort servieren.
Pro Person etwa 180 kcal und 3 g Fett.

Spiegeleier nach Schweizer Art

10 g Margarine
100 g durchwachsener Speck in Scheiben
40 g Käse in Scheiben (40 % Fett i. T.)
4 Eier · edelsüßes Paprikapulver

Die Margarine in einer Pfanne erhitzen. Die Speckscheiben hineingeben und darin knusprig braten. Auf jede Speckscheibe eine Käsescheibe legen und den Käse schmelzen lassen. Die Eier nacheinander aufschlagen und über den geschmolzenen Käse geben. Die Pfanne zudecken und die Spiegeleier stocken lassen. Die fertigen Spiegeleier mit dem Paprikapulver bestreuen und servieren.
Pro Person etwa 275 kcal und 25 g Fett.

Provenzalisches Kartoffelgericht

150 g durchwachsener Speck
1 kg Kartoffeln
100 g Zwiebeln
150 g Sellerie
25 g Öl
80 g geriebener Parmesankäse
⅛ l Milch
Salz · Pfeffer
edelsüßes Paprikapulver

Den Speck in kleine Würfel schneiden und die Speckwürfel in einer Pfanne knusprig braten. Die Kartoffeln schälen und in dünne Scheiben schneiden. Die Zwiebeln schälen und in feine Würfel schneiden. Den Sellerie schälen und fein raspeln. Eine Auflaufform mit dem Öl einfetten. Die Hälfte der Kartoffelscheiben hineinlegen. Darauf die Speck- und die Zwiebelwürfel, den geraspelten Sellerie und den geriebenen Käse verteilen. Die restlichen Kartoffelscheiben obenauf legen. Die Milch mit Salz, Pfeffer und Paprikapulver pikant abschmecken und die Flüssigkeit über die Kartoffeln gießen. Das Kartoffelgericht im Ofen bei Mittelhitze etwa 45 Minuten backen.
Pro Person etwa 670 kcal und 34 g Fett.

Österreichische Topfennockerl

1/8 l Milch · 20 g Hefe · 100 g Zucker
300 g Mehl · 2 Eier
40 g Butter oder Margarine
200 g Speisequark, mager · Salz
1 knapper Eßl. Öl

Die Milch erwärmen. Die Hefe in der lauwarmen Milch auflösen und dann 60 g Zucker dazugeben. Das Mehl in eine Schüssel sieben. In die Mitte eine Vertiefung drücken, die Hefemilch und die Eier in die Vertiefung geben. Die Butter oder Margarine und den Quark in Flöckchen über dem Mehl verteilen, 1 Prise Salz zufügen und alle Zutaten zu einem glatten Teig verarbeiten. Die Schüssel mit einem Tuch bedecken und den Teig ruhen lassen, bis er aufgegangen ist.
Salzwasser zum Kochen bringen. Einen Eßlöffel in das Öl tauchen, mit dem geölten Löffel von dem Teig kleine Häufchen (Nockerl) abstechen und die Nockerl in das kochende Wasser legen. Wenn sie hoch kommen, die Nockerl noch 5 Minuten ziehen lassen, dann mit einer Schaumkelle herausnehmen, gut abtropfen lassen, auf eine warme Platte legen und mit dem restlichen Zucker bestreuen.
Pro Person etwa 550 kcal und 16 g Fett.

Holunderbeerkompott

500 g reife Holunderbeeren
150 g saure Äpfel
1 Stück Zimtstange
75 g Zucker

Die Holunderbeeren waschen und von den Stielen lösen. Die Äpfel schälen, halbieren, vom Kerngehäuse befreien und würfeln. 1 Tasse Wasser mit der Zimtstange und dem Zucker zum Kochen bringen, die Holunderbeeren und die Apfelwürfel hineingeben und etwa 10 Minuten kochen. Das Kompott abschmecken und servieren.
Pro Person etwa 120 kcal und kein Fett.

Krabbenragout

50 g Zwiebel · 30 g Margarine · 30 g Mehl
5 g gekörnte Brühe · 1/4 l saure Sahne
4 Eier · Salz · Saft von 1 Zitrone
1 Prise Zucker · 300 g Krabben

Die Zwiebel schälen und in feine Würfel schneiden. Die Margarine in einem Topf erhitzen und die Zwiebelwürfel darin andünsten. Das Mehl dazugeben und durchschwitzen. Die gekörnte Brühe in 1/4 l Wasser auflösen, die Brühe mit der Sahne vermischen und die Mehlschwitze damit auffüllen. Diese Sauce 10 Minuten kochen lassen. Die Eier hart kochen, kalt abschrecken, schälen und in Achtel schneiden. Die Sauce mit Salz, dem Zitronensaft und dem Zucker abschmecken. Die Krabben waschen und abtropfen lassen. Die Eiachtel und die Krabben in die Sauce geben und kurz erhitzen. Das Ragout nochmals abschmecken und servieren.
Pro Person etwa 340 kcal und 20 g Fett.

Grüner Paprikasalat

1 Eßl. Öl · 3 Eßl. Essig · Salz · Pfeffer
1 Prise Zucker · 500 g grüne Paprikaschoten
100 g Äpfel · 100 g Zwiebeln

Aus dem Öl, dem Essig, 2 Eßlöffeln Wasser, Salz, Pfeffer und dem Zucker eine Salatsauce bereiten. Die Paprikaschoten waschen, halbieren, von Stiel und Kernen befreien und in

feine Streifen schneiden. Die Äpfel schälen, in Viertel teilen, vom Kerngehäuse befreien und die Viertel in Scheiben schneiden. Die Zwiebeln schälen und in Ringe schneiden. Die Paprikastreifen, die Apfelscheiben und die Zwiebelringe in eine Schüssel geben und mit der Salatsauce vermischen. Den Salat $^1/_2$ Stunde durchziehen lassen und servieren.
Pro Person etwa 125 kcal und 4 g Fett.

Kartoffelschnee

1 kg Kartoffeln · Salz

Die Kartoffeln schälen, in Salzwasser gar kochen und heiß durch die Presse in eine vorgewärmte Schüssel pressen.
Pro Person etwa 170 kcal und kein Fett.

Gebackene Bananen

2 Bananen · Rum · 10 g Butter
10 g Mandelsplitter · 10 g Johannisbeergelee

Die Bananen schälen, der Länge nach halbieren und mit Rum beträufeln. Die Butter in einer Pfanne erhitzen. Die Bananenhälften schnell von beiden Seiten darin anbraten, dann die Mandelsplitter darüberstreuen und kurz mitbraten. Die Bananen auf einer gewärmten Platte anrichten, mit dem Johannisbeergelee garnieren und servieren.
Pro Person etwa 115 kcal und 3 g Fett.

Honigbutter

50 g Butter · 50 g flüssiger Honig

Die Butter schaumig rühren, den flüssigen Honig dazugeben und beides miteinander glatt rühren. Die Honigbutter etwa $^1/_2$ Stunde in den Kühlschrank stellen, damit sie wieder etwas fest wird, und dann servieren. Sollte die Butter gerinnen, einige Tropfen Dosenmilch dazugeben.
Pro Person etwa 135 kcal und 10 g Fett.

Schinkenmakkaroni

Salz · 250 g Makkaroni
100 g gekochter Schinken im Stück
20 g Butter · 5 g gekörnte Brühe
30 g geriebener Parmesankäse

$1^1/_2$ l Wasser mit Salz zum Kochen bringen. Die Makkaroni in 4 cm lange Stücke brechen, die Stücke in das Wasser geben, etwa 5 Minuten kochen und dann noch 15 Minuten bei schwacher Hitze ausquellen lassen. Die gekochten Makkaroni auf ein Sieb gießen und mit kaltem Wasser abschrecken.
Den Schinken in Würfel schneiden. Die Butter mit der gekörnten Brühe in einem Topf zerlassen, die Makkaroni und die Schinkenwürfel darin schwenken. Das Gericht mit dem Käse bestreuen und servieren.
Pro Person etwa 355 kcal und 13 g Fett.

Pflaumenkompott

60 g Zucker · 1 Ingwerwurzel
1 Eßl. Weinessig · 500 g Pflaumen

$^1/_8$ l Wasser mit dem Zucker, der Ingwerwurzel und dem Essig aufkochen. Die Pflaumen waschen, entsteinen und in das Kochwasser geben, aufkochen und in etwa 5 Minuten gar kochen lassen. Die Ingwerwurzel herausnehmen, das Kompott erkalten lassen und dann servieren.
Pro Person etwa 120 kcal und kein Fett.

Würziges Selleriegemüse

750 g Sellerie · Saft von 1 Zitrone
Salz · 30 g Margarine
30 g Mehl · 1/4 l Milch
150 g Fleischwurst
5 g gekörnte Brühe
1 Eßl. gehackte Petersilie

Den Sellerie waschen, schälen und in 1 1/2 cm große Würfel schneiden. 2 Tassen Wasser mit dem Zitronensaft und Salz zum Kochen bringen. Die Selleriewürfel darin bei geschlossenem Topf etwa 20 Minuten dünsten. Danach das Kochwasser abgießen und aufbewahren. Die Margarine in einem Topf erhitzen und das Mehl darin anschwitzen. Die Mehlschwitze mit der Milch und 1/4 l Selleriekochwasser auffüllen und die Sauce 10 Minuten kochen lassen. Die Fleischwurst von der Haut befreien, in Würfel schneiden und die Würfel mit dem Sellerie in die Sauce geben. Alles noch einmal aufkochen, mit der gekörnten Brühe abschmecken, mit der Petersilie bestreuen und servieren.
Pro Person etwa 275 kcal und 16 g Fett.

Nußcreme

1 Ei · 150 g Speisequark, mager
1 Becher Joghurt
50 g Zucker
30 g Nüsse

Das Ei trennen. Den Quark mit dem Joghurt, dem Zucker und dem Eigelb schaumig rühren. Das Eiklar mit 1 Eßlöffel Wasser zu steifem Schnee schlagen und den Eischnee unter die Creme ziehen. Die Nüsse grob hacken, darüberstreuen und die Nußcreme servieren.
Pro Person etwa 205 kcal und 8 g Fett.

Geflügelsalat

350 g gekochtes Hühnerfleisch (1 kleines Suppenhuhn)
150 g Ananas · 150 g rote Paprikaschoten
150 g Äpfel
50 g Mayonnaise (Fertigprodukt)
1 Becher Joghurt
Saft von 1 Zitrone
50 g Ananassaft · Salz
1 Eßl. gehackte Petersilie und Schnittlauch

Das Hühnerfleisch und die Ananas in etwa 1 cm große Würfel schneiden. Die Paprikaschoten halbieren, von Stiel und Kernen befreien. Die Äpfel schälen, halbieren und vom Kerngehäuse befreien. Die Paprikaschoten und die Äpfel in Streifen schneiden. Die Mayonnaise, den Joghurt, den Zitronen- und den Ananassaft vermischen. Die Sauce mit Salz und Kräutern pikant abschmecken. Die Hühnerfleisch- und Ananaswürfel, die Paprika- und die Apfelstreifen in einer Schüssel mit der Salatsauce vermischen und den Salat 1 Stunde durchziehen lassen.
Pro Person etwa 240 kcal und 12 g Fett.

Hühnerbrühe mit Spargeleinlage

1 l Hühnerbrühe
150 g Spargelabschnitte aus der Dose
1 Eßl. gehackte Petersilie

Die Hühnerbrühe mit den Spargelabschnitten und dem Spargelwasser erhitzen, dann die gehackte Petersilie dazugeben. Die Suppe abschmecken und in Tassen servieren.
Falls Dosen-Hühnerbrühe verwendet wird, diese nach Vorschrift zubereiten und dann nach obigem Rezept verfahren.
Pro Person etwa 45 kcal und 8 g Fett.

Flämischer Eiertopf

4 Eier · 125 g saure Sahne · 3/4 Becher Joghurt
1 Teel. scharfer Senf · 1 Eßl. Petersilie
Salz · Pfeffer · etwas Fett für die Form
100 g gekochter Schinken · 20 g Paniermehl
30 g geriebener Parmesankäse

Die Eier hart kochen, kalt abschrecken, schälen und in Achtel schneiden. Die Sahne, den Joghurt, den Senf und die gehackte Petersilie verrühren. Die Eiachtel daruntermischen. Alles mit Salz und Pfeffer abschmecken. Eine Auflaufform einfetten. Die Hälfte der Eiermasse einfüllen. Den Schinken in kleine Würfel schneiden. Die Schinkenwürfel auf die Eiermasse streuen und mit der restlichen Eiermasse bedecken. Das Paniermehl mit dem geriebenen Käse vermischen, den Auflauf damit bestreuen und den Eiertopf im Ofen bei starker Hitze etwa 15 Minuten überbacken. Sehr heiß servieren.
Pro Person etwa 260 kcal und 15 g Fett.

Nußkuchen (ergibt etwa 10 Portionen)

120 g Butter oder Margarine · 125 g Zucker
1 Päckchen Vanillinzucker · 120 g Nüsse
3 Eier · 200 g Mehl · 1/2 Päckchen Backpulver
100 g Milch · etwas Fett für die Form
125 g Puderzucker · 1 Eiklar
4 halbe Walnüsse

Die Butter oder Margarine mit dem Zucker und dem Vanillinzucker schaumig rühren. Die Nüsse mahlen. Die Eier und die gemahlenen Nüsse unter die Buttermasse rühren. Das Mehl mit dem Backpulver sieben und abwechselnd mit der Milch zu dem Teig geben. Das Mehl muß immer verrührt sein, ehe die Milch dazukommt. Ein Stück Alu-Folie um eine Kastenform legen, fest andrücken und abstreifen. Den so entstandenen Folienkasten in die Form geben, ausfetten und den Teig einfüllen. Den Kuchen im Ofen bei Mittelhitze etwa 45 bis 55 Minuten backen. Etwas abkühlen lassen, mit der Folie aus der Form heben und diese dann entfernen.
Den Puderzucker mit dem Eiklar verrühren. Den erkalteten Kuchen mit diesem Zuckerguß überziehen und mit den halben Walnüssen garnieren.
Pro Portion etwa 385 kcal und 20 g Fett.

Obst-Sorbet

500 g Obst oder Obstkonserven (Orangen, Johannisbeeren oder Ananas)
1/8 l Sahne · 1/2 Flasche Sekt
1/4 l Selterswasser

Das Obst im Mixer pürieren. Die Sahne steif schlagen und das pürierte Obst oder das Obstkonzentrat unter die Sahne mischen. Mit dem Sekt und dem Selterswasser auffüllen, in Gläser verteilen und sofort servieren.
Pro Person etwa 100 kcal und 19 g Fett.

Meerrettich

100 g frischer Meerrettich oder 50 g geriebener Meerrettich aus dem Glas
1 Becher Joghurt · 1 Teel. Senf
3 Eßl. Preiselbeerkompott · 1 Prise Zucker
Zitronensaft

Den frischen Meerrettich waschen, schälen und reiben. Den Meerrettich mit dem Joghurt, dem Senf und dem Preiselbeerkompott verrühren. Mit dem Zucker und Zitronensaft abschmekken und zu kaltem Rindfleisch servieren.
Pro Person etwa 75 kcal und 2 g Fett.

November

Der November bringt Nebel, Nässe und Kälte. Und wer so richtig durchgefroren nach Hause kommt, freut sich auf einen dampfenden Eintopf. Am Martinstag wird auch so mancher Gänsebraten verspeist. Doch unsere Ernährung soll ja nicht nur der Sättigung dienen, sondern auch den Nährstoffbedarf decken und unsere Taille schlank erhalten. Dies gilt natürlich auch für die Kinder und Jugendlichen. Bei ihnen machen sich Ernährungsfehler viel schneller bemerkbar als bei Erwachsenen, weil ihr Körper mehr Aufbaustoffe braucht. Eine einseitige oder unzureichende Ernährung beeinträchtigt schnell das gesunde Wachstum und damit die Lebensfreude und Leistungsfähigkeit des Kindes. Wenn der Körper nicht richtig versorgt wird, kann es leicht zu Konzentrationsschwäche, zu Anfälligkeit für Krankheiten und zu Entwicklungsstörungen kommen. Mangelernährung und übermäßige Ansammlung von Fett im Körper sind auch für Kinder Belastungen. Daher muß die Nahrung unseres Nachwuchses genügend Eiweiß, Vitamine und Mineralstoffe enthalten. Vor einer Überfütterung mit Fett, vor Näschereien und Süßigkeiten soll hier gewarnt werden. In der Jugend werden die Gewohnheiten geschaffen, und es ist daher so wichtig, daß Kinder von klein auf an richtiges Essen gewöhnt werden. Kinderernährung muß deshalb nicht einförmig sein, und eine kluge Mutter wird immer eine abwechslungsreiche Kost auf den Tisch bringen. Was bietet der November uns, die wir erkannt haben, daß Gesundsein und Kranksein mit am Kochtopf entschieden werden? Die typischen Wintergemüse Rot- und Weißkohl und das Sauerkraut eignen sich zu vielseitigen Gemüsegerichten ebenso wie zu Salaten. Neben den Vitaminen A, B und C liefern diese Gemüse auch Mineralstoffe. Rote Beten sind auch als Gemüse eine pikante Beilage. Zu Fleischgerichten schmecken Chicorée- und Endiviensalat. Schwarzwurzeln, Spinat, Auberginen und Fenchel vervollständigen die noch immer ausreichende Auswahl an frischen Gemüsen. Äpfel und Birnen, Zitrusfrüchte und noch vereinzelt Weintrauben werden angeboten. Mit all diesen Köstlichkeiten zeigt sich der trübe November von seiner freundlichen Seite. Die Hausfrau braucht um die Aufstellung eines richtigen Speisezettels nicht besorgt zu sein. »Richtig« bedeutet, Art und Menge der Speisen dem Bedarf individuell anzupassen.

	Mittagessen	Abendessen
MONTAG	Orangen-Milchmix Würziges Entenklein Salzkartoffeln Süß-saurer Kürbis *(Menü pro Person etwa 850 kcal und 28 g Fett)*	Schneller Grießauflauf mit Hagebuttensauce Brot · Butter/Margarine Aufschnitt
DIENSTAG	Gefüllte Zwiebeln Tomatensauce II Kartoffeln mit Petersilie Ananasschaum *(etwa 865 kcal und 20 g Fett)*	Mandarinen-Reis-Auflauf Brot · Butter/Margarine Aufschnitt
MITTWOCH	Mockturtlesuppe(Fertigsuppe) Dampfnudeln mit Vanillesauce und Heidelbeerkompott *(etwa 780 kcal und 20 g Fett)*	Gefüllte Tomaten II verschiedenes Brot Butter/Margarine Quark
DONNERSTAG	Orangensaft Schlemmerspieß auf Tomatenreis II · Dreierleisalat *(etwa 760 kcal und 28 g Fett)*	Bunte Salatschüssel Brot Butter/Margarine Aufschnitt
FREITAG	Deftiger Orangensalat Französischer Fischpudding Salzkartoffeln *(etwa 690 kcal und 27 g Fett)*	Klosterschnittchen Brot Butter/Margarine Käse
SAMSTAG	Süßmost-Mix Wintereintopf *(etwa 810 kcal und 37 g Fett)*	Eier in Quark-Remoulade Vollkornbrot Butter/Margarine Rettich · Gewürzgurke
SONNTAG	Hammelkotelett in der Form gebraten · Bohnensalat Grapefruit-Dessert *(etwa 920 kcal und 34 g Fett)*	Sellerie-Ananas-Salat roher Schinken Brot · Butter/Margarine

Orangen-Milchmix

$^1/_2$ l Milch · 40 g Zucker · 1 Eigelb
Saft von 1 Zitrone · 100 g Orangensaft

Die Milch, den Zucker und das Eigelb mit einem Schneebesen verrühren. Den Zitronen- und den Orangensaft langsam dazugeben und dabei alles kräftig schlagen. Das Getränk in Gläser füllen und sofort servieren.
Alle Zutaten müssen die gleiche Temperatur haben. Den Obstsaft immer in die Milch geben, nicht umgekehrt.
Pro Person etwa 150 kcal und 5 g Fett.

Würziges Entenklein

1 kg Entenklein · Salz
2 Eßl. getrockneter Majoran · 100 g Sellerie
100 g Möhren · 50 g Zwiebel · 30 g Margarine
30 g Mehl · 5 g gekörnte Brühe

Das Entenklein säubern. 1 l Wasser mit Salz zum Kochen bringen. Das Entenklein mit dem Majoran in das kochende Salzwasser geben und etwa 1 Stunde schwach kochen.
Den Sellerie und die Möhren putzen und die Zwiebel schälen. Den Sellerie, die Möhren und die Zwiebel in grobe Stücke schneiden. Die Gemüsestücke zu dem Entenklein geben und alles 1 weitere Stunde schwach kochen lassen. Das Entenklein herausnehmen und warm stellen. Die Brühe durch ein Sieb gießen.
Die Margarine in einem Topf erhitzen, das Mehl dazugeben und durchschwitzen. Die Mehlschwitze unter Rühren mit $^1/_2$ l Entenbrühe ablöschen und etwa 10 Minuten kochen lassen. Die Sauce mit Salz und der gekörnten Brühe abschmecken. Das Entenklein in einer Schüssel mit der Sauce übergießen.
Pro Person etwa 330 kcal und 23 g Fett.

Süß-saurer Kürbis (für 10 Personen)

1 kg Kürbis · 200 g Weißwein · 200 g Essig
400 g Zucker · 1 Stück Zimtstange · 2 Nelken
2 Pfefferkörner · 2 Ingwerwurzeln

Den Kürbis schälen, die Kerne und die weichen Teile sorgfältig entfernen und den Kürbis in gleichmäßige Würfel schneiden. Den Wein mit dem Essig, dem Zucker und allen Gewürzen aufkochen. Von den Kürbisstücken immer nur so viele in die Flüssigkeit legen, daß sie bedeckt sind. Die Kürbisstücke langsam weich und glasig kochen. Einmachgläser vorbereiten und den gekochten Kürbis nach und nach einfüllen. Wenn alle Kürbisstücke gekocht und in die Gläser gefüllt sind, den restlichen Saft sirupartig einkochen, heiß über den Kürbis geben und die Gläser verschließen.
Pro Person etwa 190 kcal und kein Fett.

Schneller Grießauflauf

4 Eier · 100 g Zucker
1 Päckchen Vanillinzucker · 170 g Grieß
etwas Fett für die Form
$^3/_4$ l Milch

Die Eier trennen. Die Eiklar mit 3 Eßlöffeln Wasser sehr steif schlagen. Die Eigelbe, den Zucker, den Vanillinzucker und den Grieß unter den Eischnee ziehen. Eine Auflaufform einfetten, die Grießmasse einfüllen und den Auflauf im Ofen bei Mittelhitze etwa 30 Minuten backen. Dann die Milch aufkochen und langsam über den gebackenen Auflauf gießen. Den Auflauf noch etwa 5 Minuten im abgeschalteten warmen Ofen ziehen lassen. Mit Hagebuttensauce (siehe Seite 130) servieren.
Pro Person etwa 300 kcal und 12 g Fett.

Hagebuttensauce

150 g Hagebuttenmarmelade · 30 g Zucker
150 g Weißwein
1 Stück Zitronenschale (chemisch nicht behandelt)
50 g Weißbrot

Die Hagebuttenmarmelade mit dem Zucker, dem Weißwein und 1/10 l Wasser verrühren und zusammen mit der Zitronenschale aufkochen. Das Weißbrot klein brechen, die Stücke in die Sauce geben und alles nochmals aufkochen. Die Sauce durch ein Sieb streichen und zu dem schnellen Grießauflauf (siehe Seite 129) servieren.
Pro Person etwa 185 kcal und kein Fett.

Gefüllte Zwiebeln

4 große Zwiebeln (800 g) · 1 Brötchen
250 g Hackfleisch · 1 Ei · Salz · Pfeffer
1 Eßl. Tomatenketchup · 1 Prise Zucker
15 g Stärkemehl · 5 g gekörnte Brühe

Die Zwiebeln schälen. 1/2 l Wasser zum Kochen bringen und die Zwiebeln darin 10 bis 15 Minuten kochen. Das Brötchen einweichen und wieder ausdrücken. Die Zwiebeln aus dem Wasser nehmen und abkühlen lassen. Das Kochwasser aufbewahren.
Ein Viertel der Zwiebeln abschneiden und die Zwiebeln mit einem Löffel so aushöhlen, daß die Wände noch 2 bis 3 Zwiebelringe dick bleiben. Das herausgestochene Zwiebelfleisch fein hacken. Das Hackfleisch mit der Zwiebelmasse, dem geweichten Brötchen und dem Ei vermengen und die Mischung mit Salz, Pfeffer und dem Tomatenketchup pikant abschmecken. Die Zwiebeln mit der Masse füllen. Die Zwiebeldeckel wieder aufsetzen. Die Zwiebeln in eine feuerfeste Form setzen, mit dem Zwiebelkochwasser übergießen, Salz und den Zucker darüberstreuen und die gefüllten Zwiebeln etwa 30 Minuten bei geschlossener Form garen lassen. Das Stärkemehl mit 2 Eßlöffeln Wasser glatt rühren und die Sauce damit binden. Das Gericht mit der gekörnten Brühe abschmecken und servieren.
Pro Person etwa 475 kcal und 21 g Fett.

Tomatensauce II

50 g Zwiebel · 30 g Fett · 30 g Mehl
40 g Tomatenmark · 5 g gekörnte Brühe
Salz · 1 Prise Zucker · 1 Prise Muskatnuß

Die Zwiebel schälen, in feine Würfel schneiden. Das Fett in einem Topf erhitzen und die Zwiebelwürfel in dem Fett glasig werden lassen. Das Mehl dazugeben und durchschwitzen. Das Tomatenmark darunterrühren. Die gekörnte Brühe in 1/2 l Wasser auflösen und die Mehlschwitze langsam mit der Flüssigkeit auffüllen. Die Sauce 10 Minuten kochen, dann mit Salz, dem Zucker und dem Muskat abschmecken und servieren.
Pro Person etwa 105 kcal und 6 g Fett.

Ananasschaum

250 g Ananas · 50 g Sahne · 1 Eiklar
50 g Löffelbiskuits

Die Ananas in sehr feine Streifen schneiden. Die Sahne steif schlagen. Das Eiklar mit 1 Eßlöffel Wasser ebenfalls sehr steif schlagen. Die steife Schlagsahne und den Eischnee unter die Ananasstreifen ziehen. Die Creme in eine Glasschüssel füllen und die Löffelbiskuits zerkrümelt darüberstreuen und servieren.
Pro Person etwa 115 kcal und 4 g Fett.

Mandarinen-Reis-Auflauf

$^3/_4$ l Milch · 200 g Reis
abgeriebene Schale von 1 Zitrone (chemisch nicht behandelt)
1 Prise Salz · 2 Eier · 40 g Margarine
80 g Zucker · 125 g Quark
250 g Mandarinen · etwas Fett für die Form

Die Milch zum Kochen bringen. Den Reis, die Zitronenschale und das Salz dazugeben und den Reis bei schwacher Hitze etwa 30 Minuten quellen lassen. Dann abkühlen lassen.
Die Eier trennen. Die Margarine mit dem Zucker und den Eigelben schaumig rühren, den Quark und den abgekühlten Reis dazugeben. Die Mandarinen schälen, das Weiße und die Kerne entfernen und die Schnitze unter die Masse heben. Die Eiklar mit 1 Eßlöffel Wasser steif schlagen und den Eischnee unter den Reis ziehen. Eine feuerfeste Form ausfetten, die Auflaufmasse einfüllen und im Ofen bei Mittelhitze etwa 45 Minuten backen.
Pro Person etwa 590 kcal und 18 g Fett.

Dampfnudeln

$^3/_8$ l Milch · 25 g Hefe · 10 g Zucker
375 g Mehl · 2 Eier · 1 Prise Salz
50 g Butter oder Margarine

Die Milch erwärmen. Die Hefe mit dem Zucker und 3 Eßlöffeln lauwarmer Milch verrühren. Das Mehl in eine Schüssel sieben und in die Mitte eine Vertiefung drücken. In die Vertiefung die angerührte Hefe geben, etwas Mehl darüberstäuben, die Schüssel mit einem Tuch zudecken und das Hefestück an einem warmen Ort gehen lassen, bis die Oberfläche des Hefestücks rissig geworden ist.
Von der Mitte her die Hefe mit dem Mehl verrühren, dabei knapp $^1/_4$ l Milch, die Eier, die Hälfte der Butter und zuletzt das Salz einrühren. Den Teig mit einem Löffel so lange schlagen, bis er Blasen wirft und sich von der Schüssel löst. Dann nochmals gehen lassen und danach so lange durcharbeiten, bis er sehr geschmeidig ist.
Die restliche Butter oder Margarine zerlassen und mit der restlichen Milch in eine große feuerfeste Form gießen. Von dem Teig mit bemehlten Händen kleine Küchlein formen und diese nochmals gehen lassen. Die Küchlein in die Milch setzen. Die Form fest schließen und die Dampfnudeln im Ofen bei Mittelhitze 25 bis 30 Minuten garziehen lassen. Mit Heidelbeerkompott (pro Person etwa 150 g) und Vanillesauce servieren.
Pro Person etwa 575 kcal und 14 g Fett.

Gefüllte Tomaten II

8 Tomaten (etwa 400 g) · Salz
$^1/_2$ grüne Gurke (300 g) · 200 g Äpfel
50 g Walnüsse · 100 g Käse (40 % Fett i. T.)
150 g gekochtes Kalbfleisch (Reste)
30 g Mayonnaise (Fertigprodukt)
$^1/_2$ Becher Joghurt · 1 Prise Zucker
Pfeffer · 1 Kopf Salat
1 Eßl. gehackte Petersilie

Von den Tomaten je einen Deckel abschneiden. Die Tomaten mit einem Teelöffel aushöhlen und innen leicht salzen. Die Salatgurke und die Äpfel schälen. Die Walnüsse grob hacken. Den Käse, das Fleisch, die Gurke und die Äpfel in gleichmäßige Streifen schneiden. Die Mayonnaise mit dem Joghurt und den gehackten Walnüssen verrühren und die Mischung mit Salz, dem Zucker und Pfef-

fer abschmecken. Unter die Sauce die Käse-, die Fleisch-, die Gurken- und die Apfelstreifen mischen. Den Kopfsalat verlesen, die Blätter waschen, abtropfen und auf einer Platte anordnen. Die Füllung in die Tomaten geben und die Deckel aufsetzen. Die gefüllten Tomaten auf den Salatblättern anrichten, mit Petersilie bestreuen und servieren.
Pro Person etwa 310 kcal und 20 g Fett.

Schlemmerspieß

300 g Hühnerbrust · 250 g Rinderfilet
1/4 l Rotwein · 1 Eßl. Zitronensaft
Salz · Pfeffer · Currypulver
edelsüßes Paprikapulver · 200 g Zwiebeln
200 g Ananas
150 g rote Paprikaschoten
100 g Cornichons · 45 g Öl

Die Knochen aus den Hühnerbrüsten lösen. Das Rinderfilet und das Hühnerfleisch in 3 cm große Würfel schneiden. Den Rotwein und den Zitronensaft mischen und mit Salz, Pfeffer, Currypulver und Paprikapulver scharf abschmecken. Die Fleischwürfel hineinlegen und 15 Minuten marinieren. Die Zwiebeln und die Ananas schälen und die Zwiebeln in Viertel, die Ananas in 3 cm große Würfel schneiden. Die Paprikaschoten waschen, halbieren, von Stiel und Kernen befreien und in 3-cm-Quadrate schneiden.
Auf Holz- oder Metallspießchen in bunter Folge Fleisch- und Ananaswürfel, Zwiebelviertel, Paprikastückchen und Cornichons stecken. Das Öl mit 1/2 Teelöffel edelsüßem Paprikapulver vermischen, die Fleischspießchen damit bestreichen und dann auf den Grillrost legen. Während des Grillens alle 2 Minuten langsam drehen und im Ganzen etwa 8 Minnuten grillen. Auf dem Tomatenreis (siehe unten) anrichten und servieren. (Bild auf dem Einband)
Pro Person etwa 362 kcal und 21 g Fett.

Tomatenreis II

1/2 l Tomatensaft · Salz · 250 g Reis
1 Eßl. gehackte Petersilie

Den Tomatensaft mit 1/4 l Wasser aufkochen und mit Salz pikant abschmecken. Den Reis in die kochende Flüssigkeit geben, den Topf fest zudecken und bei schwacher Hitze auf dem Herd oder im Ofen 20 bis 25 Minuten aufquellen lassen, bis alle Flüssigkeit aufgenommen ist. Mit der Petersilie bestreuen, die Schlemmerspießchen (siehe linke Spalte) darauf anrichten und servieren.
Pro Person etwa 255 kcal und 3 g Fett.

Dreierleisalat

250 g Rosenkohl · 250 g Blumenkohl
150 g sehr kleine Pfifferlinge
1/2 Tasse Gemüsebrühe · Salz · Pfeffer
1 Prise Zucker · 1 Eßl. Öl · 2 Eßl. Essig
1 Eßl. gehackte Petersilie

Den Rosenkohl waschen und putzen. Die Strünke knapp kreuzweise einschneiden. Den Blumenkohl putzen, in kleine Röschen zerteilen und waschen. 1 Tasse Wasser zum Kochen bringen, den Rosenkohl und den Blumenkohl hineingeben und bei fest geschlossenem Topf etwa 20 Minuten dünsten lassen. Dann mit einer Schaumkelle herausnehmen. Die Pfifferlinge auf einem Sieb abtropfen.
In 1/2 Tasse Gemüsebrühe Salz, Pfeffer und den Zucker auflösen und das Öl und den Essig

dazugeben. Die Marinade pikant abschmekken und über das Gemüse gießen. 1 Stunde durchziehen lassen. Mit der Petersilie bestreuen und servieren.
Pro Person etwa 72 kcal und 4 g Fett.

Bunte Salatschüssel

250 g gekochte Kartoffeln · 200 g Äpfel
150 g eingelegte rote Beten
100 g Gewürzgurken · 30 g Öl
5 g gekörnte Brühe · Essig · Salz
1 Prise Zucker
1 Eßl. gehackte Petersilie

Die Kartoffeln in Scheiben schneiden. Die Äpfel schälen, halbieren, vom Kerngehäuse befreien und ebenfalls in Scheiben schneiden. Die roten Beten und die Gewürzgurken in Streifen schneiden. 1/8 l Wasser erhitzen. Das Öl mit dem heißen Wasser, der gekörnten Brühe, Essig, Salz, dem Zucker und der Petersilie verrühren. Diese Salatsauce über die Kartoffel- und Apfelscheiben, die rote-Bete- und Gurkenstreifen gießen, alles vermengen, abschmecken und den Salat 1 Stunde durchziehen lassen.
Pro Person etwa 160 kcal und 8 g Fett.

Eierquark

200 g Speisequark, mager · 200 g Milch
2 Eier · 40 g Zucker · Saft von 1/2 Zitrone
abgeriebene Schale von 1 Zitrone (chemisch nicht behandelt)

Den Quark mit der Milch glattrühren. Die Eier trennen. Die Eigelbe mit dem Zucker, dem Zitronensaft und der abgeriebenen Schale schaumig rühren, die Quarkmasse dazugeben und alles schaumig schlagen. Die Eiklar mit 1 Eßlöffel Wasser zu steifem Schnee schlagen und den Eischnee unter die Quarkmasse ziehen. Den Eierquark 1/4 Stunde kalt stellen und dann servieren.
Pro Person etwa 155 kcal und 5 g Fett.

Deftiger Orangensalat

1 kleiner Kopf Salat · 250 g Orangen
150 g Zwiebeln · 1/2 Becher Joghurt
2 Eßl. Zitronensaft · 1 gestr. Eßl. Zucker
1 Eßl. gehackte Petersilie

Den Salat von den welken Blättern befreien, die andern Blätter lösen, waschen und gut abtropfen lassen. Dann auf Portionsteller verteilen. Die Orangen und die Zwiebeln schälen. Die Orangen in etwa 1/2 cm dicke und die Zwiebeln in hauchdünne Scheiben schneiden. Die Scheiben miteinander vermischen und gefällig auf den Salatblättern anrichten. Aus dem Joghurt, dem Zitronensaft, dem Zucker und der Petersilie eine Marinade bereiten, diese über den Salat gießen und sofort servieren.
Pro Person etwa 84 kcal und 3 g Fett.

Französischer Fischpudding

600 g Fischfilet, am besten Seelachs
Essig · 50 g Zwiebel · 1 Lorbeerblatt · Salz
100 g Brötchen · 60 g Margarine · 3 Eier
Pfeffer · 30 g Kapern · etwas Fett für die Form
10 g Paniermehl

Das Fischfilet säubern und mit Essig säuern. Die Zwiebel schälen und halbieren. 1 Tasse Wasser mit dem Lorbeerblatt, den Zwiebelhälften und Salz zum Kochen bringen. Den Fisch salzen und in dem Wasser etwa 5 Minuten dünsten. Dann das Fischfilet heraus-

nehmen und abtropfen lassen. Den Fischsud für die Sauce aufbewahren.
Die Brötchen einweichen. Die Margarine schaumig rühren. Die Eier trennen. Die geweichten Brötchen ausdrücken und mit den Eigelben und der Margarine verrühren. Das gedünstete Fischfilet zerpflücken, unterrühren und die Masse mit Salz, Pfeffer und den Kapern abschmecken. Die Eiklar mit 2 Eßlöffeln Wasser zu steifem Schnee schlagen und den Eischnee unter die Fischmasse ziehen.
Eine Puddingform ausfetten, mit dem Paniermehl ausstreuen und bis zu 3/4 Höhe den Teig einfüllen. Die Form verschließen und den Pudding 1 Stunde im Wasserbad kochen. Dann auf eine Platte stürzen, mit Sauce (siehe unten) übergießen und servieren.
Pro Person etwa 355 kcal und 18 g Fett.

Sauce für Französischen Fischpudding

30 g Margarine · 10 g Mehl
1 1/2 Tassen Fischsud · Saft von 1/2 Zitrone
5 g gekörnte Brühe · Pfeffer

Die Margarine in einem Topf erhitzen, das Mehl dazugeben und durchschwitzen. Die Mehlschwitze mit dem Fischsud auffüllen. Die Sauce 10 Minuten durchkochen, dann mit dem Zitronensaft und den Gewürzen abschmecken und über den Fischpudding (siehe oben) gießen.
Pro Person etwa 65 kcal und 6 g Fett.

Klosterschnittchen

1/4 l Milch · 3 Eier · Salz
1 Prise geriebene Muskatnuß
400 g Weißbrot · 40 g Öl
80 g Aprikosenmarmelade

Die Milch mit den Eiern, Salz und dem Muskat verquirlen. Das Weißbrot in Scheiben schneiden und die Scheiben in der Eiermilch kurz ziehen lassen. Das Öl in einer Pfanne erhitzen und die Weißbrotscheiben darin goldbraun backen. Die Aprikosenmarmelade erhitzen, glatt rühren und auf die gebackenen Weißbrotscheiben streichen. Die Klosterschnittchen heiß servieren.
Pro Person etwa 430 kcal und 15 g Fett.

Süßmost-Mix

1/2 l Süßmost (Kirsch-, Pflaumen- oder Hagebutten-)
Eiswürfel · 1/2 l gekühlte Milch
1 Messerspitze Ingwerpulver

Den Süßmost mit den Eiswürfeln mischen. Die Mischung unter Rühren in die gekühlte Milch gießen. Das Getränk mit dem Ingwerpulver abschmecken und sofort servieren.
Pro Person etwa 145 kcal und 4 g Fett.

Wintereintopf

100 g durchwachsener Speck
250 g Weißkohl · 100 g Möhren
250 g Rosenkohl · 1 Lorbeerblatt
6 Gewürzkörner · 250 g Blumenkohl
500 g Kartoffeln · 150 g Fleischwurst · Salz
5 g gekörnte Brühe · 1 Prise Zucker
1 Eßl. gehackte Petersilie

Den Speck in Würfel schneiden und die Speckwürfel in einem Topf auslassen. Den Weißkohl von den schlechten Blättern befreien, dann in feine Streifen schneiden und die Streifen in dem Speck dünsten. Die Möhren waschen, putzen und in Scheiben schneiden. Den Rosenkohl von den welken Blättern befreien,

Das ist der Vorschlag für das Abendessen am Donnerstag aus dem September-Speiseplan auf Seite 108. Es gibt Tomatensaft, pikant angemachtes Tatar, mit Mixpickles garniert, dazu Toast und anderes Brot, Butter oder Margarine. Das Rezept für das garnierte Tatar steht auf Seite 112. Die Menge auf dem Bild gilt für eine Person. Wenn dieses appetitlich aussehende Abendessen nicht allzu üppig erscheint, so hat dies seinen guten Grund. Wir brauchen je nach Beanspruchung des Körpers eine bestimmte Kalorienmenge pro Tag. Diese muß aber gleichmäßig über den Tag verteilt werden, damit etwa fehlende Kalorien nicht erst mit der Abendmahlzeit ausgeglichen werden. Ein spätes, üppiges Mahl stört die Nachtruhe.

waschen und die Strünke kreuzförmig einschneiden. Die Möhrenscheiben, den Rosenkohl, das Lorbeerblatt und die Gewürzkörner zu dem Weißkohl geben. Das Gemüse mit $1^1/_4$ l Wasser auffüllen und 15 Minuten dünsten lassen. Den Blumenkohl in Röschen teilen und waschen. Die Kartoffeln schälen und in Würfel schneiden. Die Blumenkohlröschen und die Kartoffelwürfel dazugeben und noch 20 Minuten dünsten lassen.
Von der Fleischwurst die Haut abziehen und die Wurst in Würfel schneiden. Die Wurstwürfel ebenfalls in den Eintopf geben und 5 Minuten erhitzen. Mit Salz, der gekörnten Brühe und dem Zucker abschmecken, mit der gehackten Petersilie bestreuen und servieren.
Pro Person etwa 390 kcal und 25 g Fett.

Eier in Quark-Remoulade

4 Eier · 125 g Speisequark, mager
1 Becher Joghurt · Saft von 1 Zitrone
1 Eigelb · 1 Teel. Senf · 30 g Öl · Salz
Pfeffer · 1 Prise Zucker · 50 g Gewürzgurke
100 g Äpfel · 1 Eßl. gehackte Kräuter

Die vier Eier hart kochen, kalt abschrecken, schälen und halbieren.
Aus dem Quark mit dem Joghurt, dem Zitronensaft, dem Eigelb, dem Senf und dem Öl eine Mayonnaise rühren. Die Mayonnaise mit Salz, Pfeffer und dem Zucker abschmekken. Die Gurke in feine Würfel schneiden und die Gurkenwürfel in die Sauce geben. Die Äpfel schälen und in die Sauce raspeln. Die Kräuter darunterrühren und nochmals abschmecken. Die Quarkremoulade in eine Schüssel füllen, die Eihälften darauf anrichten und servieren.
Pro Person etwa 250 kcal und 16 g Fett.

Hammelkotelett, in der Form gebacken

750 g Hammelkoteletts · Salz · Pfeffer
1 kg Kartoffeln · etwas Fett für die Form
100 g Zwiebeln · 1 Eßl. Öl · $^3/_8$ l Milch
1 Becher Joghurt · Majoran · 20 g Paniermehl
10 g Butter oder Margarine

Die Koteletts klopfen und die Sehnen durchschneiden. Salz und Pfeffer vermischen und die Koteletts mit der Mischung einreiben. Die Kartoffeln schälen und in Scheiben schneiden. Eine Auflaufform ausfetten, die Hälfte der Kartoffelscheiben hineinlegen, darauf die Koteletts geben und diese mit den restlichen Kartoffelscheiben bedecken. Die Zwiebeln schälen, in kleine Würfel schneiden und die Zwiebelwürfel in dem Öl goldgelb dünsten. Die Milch und den Joghurt verrühren, die Zwiebelwürfel dazugeben, die Sauce mit Salz und Majoran abschmecken und über die Kartoffeln gießen. Das Paniermehl darüberstreuen, Butter- oder Margarineflöckchen daraufsetzen und das Gericht bei Mittelhitze im Ofen $1^1/_2$ bis 2 Stunden backen.
Pro Person etwa 640 kcal und 28 g Fett.

Bohnensalat

400 g grüne Bohnen · Bohnenkraut
100 g rote Paprikaschoten · 2 Eßl. Essig
1 Eßl. Öl · 50 g Zwiebel · Salz · Pfeffer
1 Prise Zucker

Die Bohnen waschen, abfädeln und in 4 cm lange Stücke brechen. $^1/_8$ l Wasser mit dem Bohnenkraut zum Kochen bringen, die Bohnen darin weich dünsten. Die Paprikaschoten aufschneiden, von Stiel und Kernen befreien und in Streifen schneiden. Den Essig und das

Öl mit 2 Eßlöffeln Bohnen-Kochwasser zu einer Salatsauce verrühren. Die Zwiebel schälen, in sehr feine Würfel schneiden und die Zwiebelwürfel in die Sauce geben. Die Salatsauce mit Salz, Pfeffer und dem Zucker sehr pikant abschmecken. Die Bohnen und die Paprikastreifen in einer Schüssel mischen, die Salatsauce darübergießen und den Salat 1 bis 2 Stunden durchziehen lassen.
Pro Person etwa 80 kcal und 4 g Fett.

Grapefruit-Dessert

250 g Grapefruitsaft · 100 g Orangensaft
abgeriebene Schale von 1 Orange (chemisch nicht behandelt)
50 g Zucker · 50 g Sahne
100 g Speisequark, mager · 50 g Biskuits

Den Grapefruit- und den Orangensaft mit der abgeriebenen Orangenschale und dem Zucker mischen und dann mit der Sahne unter den Quark rühren. Die Biskuits in eine Schüssel legen und die Masse darübergießen. Das Dessert 3 Stunden kalt stellen.
Pro Person etwa 190 kcal und 2 g Fett.

Sellerie-Ananas-Salat

1 Becher Joghurt · Saft von 1/2 Zitrone
2 Eßl. Ananassaft · 400 g Sellerie
300 g Ananas

Aus dem Joghurt, dem Zitronen- und dem Ananassaft eine Salatsauce bereiten. Den Sellerie schälen, waschen und grob in die Sauce reiben. Die Ananas in Streifen schneiden und die Streifen unter den Salat mischen. Den Salat abschmecken, kalt stellen und dann servieren.
Pro Person etwa 45 kcal und 1 g Fett.

Dezember

Der Dezember steht ganz im Zeichen von Advent und Weihnachtsfest. Alle haben viel zu tun und am meisten natürlich die Hausfrau. Und über den vielen Vorbereitungen kommt oft das Mittagessen zu kurz, wenn sie es für sich nicht sogar ganz ausfallen läßt und den Hunger mit einer Tasse Kaffee und etwas Süßem zu vertreiben versucht. Das aber ist ungesund. Es kann eine Ausnahme sein, darf aber nicht zur Gewohnheit werden.

Unsere Zeit mit ihren veränderten Arbeitsbedingungen erfordert für alle eine Umstellung in den Mahlzeiten. Bei einer knappen Mittagspause sollte das Mittagessen leicht sein und dabei trotzdem ein Gefühl der Sättigung geben. Die Mahlzeit muß soviel notwendige Nährstoffe bieten, daß die Leistungsfähigkeit für den Nachmittag erhalten bleibt und trotzdem die Linie nicht gefährdet wird. Dabei können etwa 30 bis 35 Prozent der Tageskalorienmenge erreicht werden, denn das Mittagessen ist die wichtigste Mahlzeit des Tages.

So sollte also der Alltag aussehen. An Festtagen ist es dann meistens gerade umgekehrt. Eine üppige Mahlzeit löst oft die andere ab, und schon zeigt ein Blick auf die Waage Gewichtszunahme an. Zuviel oder auch zuwenig Essen stört das Wohlbefinden. Hier hilft nur ein vernünftiger Speiseplan. Die Weihnachts- oder Festtagstradition läßt sich mit modernen Ernährungsgesichtspunkten in Einklang bringen, ohne daß, wenn man an seine Taille denkt, auf Leckerbissen verzichtet werden muß. Das Angebot ist auch in dieser kalten Jahreszeit vielseitig: Schwarzwurzeln, Feldsalat, Chicorée, vereinzelt noch Paprikaschoten und natürlich Weiß-, Rot- und Grünkohl. An Obst gibt es günstig Äpfel, Birnen, Orangen, Klementinen, Bananen und die Königin der Früchte, die Ananas. Frische Enten und Gänse werden in diesem Monat zum letzten Mal angeboten, später kauft man sie dann tiefgefroren. Rotwild und weibliches Rehwild sind jetzt besonders schmackhaft. Wildfleisch hat überhaupt einen sehr pikanten Geschmack und bietet viel Abwechslung für den Speisezettel. Es ist eiweißreich und fettarm, kommt also den Ansprüchen einer leichten Kost entgegen. Und bei den Fischen hat jetzt der Karpfen seine große Zeit.

	Mittagessen	Abendessen
MONTAG	Bouillon mit Gemüseeinlage Pikante Eierkuchen Salatplatte Quarkdessert mit Früchten *(Menü pro Person etwa 885 kcal und 32 g Fett)*	Jägersalat Brot · Butter/Margarine
DIENSTAG	Falsches Kotelett Möhren-Zwiebel-Gemüse Salzkartoffeln Reineclaudenkompott *(etwa 820 kcal und 42 g Fett)*	Zwieback-Obst-Auflauf Brot · Butter/Margarine Aufschnitt
MITTWOCH	Tomatencocktail Weißkohlkissen mit Reisfüllung · Italienische Sauce Orangencreme *(etwa 760 kcal und 33 g Fett)*	Fischsalat Toast · Brot Butter/Margarine Obst
DONNERSTAG	Karamelmilch Wurzelgulasch · Feldsalat Kartoffeln mit Petersilie *(etwa 835 kcal und 26 g Fett)*	Heißer Obstsalat Knäckebrot · Brot Butter/Margarine Aufschnitt
FREITAG	Grüne Bohnensuppe Apfelklöße *(etwa 830 kcal und 19 g Fett)*	Weinsuppe Brot · Butter/Margarine Aufschnittplatte
SAMSTAG	Gratiniertes Suppenfleisch Meerrettich-Kartoffelpüree Obst *(etwa 710 kcal und 29 g Fett)*	Joghurt Amerikanischer Chicoréesalat Brot · Butter/Margarine roher Schinken
SONNTAG	Gebratene Pute Kopfsalat mit Spargel Salzkartoffeln mit Petersilie Mokkadessert *(etwa 900 kcal und 39 g Fett)*	Kaltes Putenfleisch mit Orangensauce Toast · Brot Butter/Margarine Obst

Bouillon mit Gemüseeinlage

1 l Rinderbouillon
100 g grüner Porree
50 g Möhren

Die Bouillon erhitzen. Den Porree gut waschen und in sehr feine Streifen schneiden. Die Möhren waschen und fein raspeln. Die Porreestreifen und die Möhrenraspel in die heiße Suppe geben und servieren.
Pro Person etwa 45 kcal und 2 g Fett.

Pikante Eierkuchen

250 g Mehl · 1/4 l Bier · Salz · 3 Eier
30 g Butterschmalz
300 g Hackfleisch, halb und halb
1 Prise Majoranpulver
Pfeffer · 1/2 Teel. Senf
1 Eßl. Tomatenketchup
50 g Zwiebel · 20 g Paniermehl
20 g geriebener Parmesankäse

Das Mehl mit 1/4 l Wasser, dem Bier, 1/4 Teelöffel Salz und 2 Eiern zu einem glatten Teig verrühren. Etwas Butterschmalz in einer Pfanne erhitzen und aus dem Teig dünne Eierkuchen backen.
Das Hackfleisch mit dem restlichen Ei, Salz, dem Majoran, Pfeffer, dem Senf und dem Tomatenketchup gut vermischen. Die Zwiebel schälen, in die Masse reiben und gut unterkneten. Die Füllmasse gleichmäßig auf die gebackenen Eierkuchen verteilen. Diese fest zusammenrollen und die Rollen dicht nebeneinander in eine Auflaufform legen. Die gefüllten Eierkuchen mit dem Paniermehl und dem Parmesankäse bestreuen, dann etwa 20 Minuten im Ofen backen und servieren.
Pro Person etwa 615 kcal und 24 g Fett.

Quarkdessert mit Früchten

150 g Speisequark, mager · 1/8 l Milch
30 g Zucker
150 g Fruchtcocktail aus der Dose
1 Eßl. Zitronensaft

Den Speisequark mit der Milch und dem Zucker glattrühren, die Früchte mit Saft darunterziehen und das Dessert mit dem Zitronensaft abschmecken.
Pro Person etwa 115 kcal und 2 g Fett.

Jägersalat

1 Becher Joghurt · Saft von 1 Zitrone · Salz
Pfeffer · 1 Teel. Worcestersauce
30 g Johannisbeergelee
250 g Reste von gebratenem Wildfleisch
100 g Mandarinen
150 g Birnen, frisch oder aus der Dose
100 g eingelegte rote Beten
120 g kleine Pfifferlinge aus der Dose
1 Eßl. gehackte Petersilie

Den Joghurt mit dem Zitronensaft, Salz, Pfeffer, der Worcestersauce und dem Johannisbeergelee zu einer pikanten Sauce verrühren.
Das Wildfleisch in Streifen schneiden. Die Mandarinen in Viertel teilen und die Viertel entkernen. Frische Birnen schälen. Die Birnen und die roten Beten in Stücke schneiden. Die Pfifferlinge auf ein Sieb zum Abtropfen geben. Alle Salatzutaten – einige Pfifferlinge zurücklassen – mit der Salatsauce vermengen. Den Salat abschmecken und 1 Stunde durchziehen lassen. Mit den restlichen Pfifferlingen und der gehackten Petersilie garnieren und servieren.
Pro Person etwa 190 kcal und 6 g Fett.

Falsches Kotelett

4 Scheiben frisches, durchwachsenes Schweinebauchfleisch (350 g)
Salz · 10 g Stärkemehl · 5 g gekörnte Brühe

Eine Pfanne heiß werden lassen. Die Fleischscheiben salzen, hineinlegen und von beiden Seiten langsam braun braten lassen. Wenn sie recht kroß sind, die Scheiben herausnehmen und auf einer Platte warm stellen. 2 Tassen Wasser in die Pfanne gießen und damit den Bratensatz abkochen. Das Stärkemehl mit 2 Eßlöffeln Bratensauce verrühren, die Sauce mit dem angerührten Stärkemehl binden, mit Salz und der gekörnten Brühe abschmecken. Die Sauce über die Koteletts gießen und servieren.
Pro Person etwa 410 kcal und 36 g Fett.

Möhren-Zwiebel-Gemüse

500 g Möhren · 500 g Zwiebeln
30 g Margarine · 15 g Mehl · Salz
1 Prise Zucker
1 Eßl. gehackte Petersilie

Die Möhren waschen, putzen und in Würfel schneiden. Die Zwiebeln schälen, große Zwiebeln halbieren oder in Viertel schneiden, kleine Zwiebeln ganz lassen. Die Möhrenwürfel und die Zwiebeln in einen Topf geben, $1^1/_2$ Tassen heißes Wasser darübergießen und das Gemüse bei fest geschlossenem Topf etwa 35 Minuten dünsten. Die Margarine dazugeben und zergehen lassen, das Mehl darüberstäuben, mit Salz und dem Zucker abschmecken, durchschwenken und noch 10 Minuten dünsten. Das Gemüse mit der Petersilie bestreuen und servieren.
Pro Person etwa 165 kcal und 6 g Fett.

Zwieback-Obst-Auflauf

$^1/_2$ l Milch · 2 Eßl. Rum · 120 g Zwieback
500 g Pflaumenkompott ohne Stein aus dem Glas
2 Eiklar · 40 g Zucker

Die Milch mit dem Rum vermischen und den Zwieback darin wenden. Er darf aber nicht zerfallen. Den Zwieback auf den Boden einer Springform legen. Das Pflaumenkompott auf ein Sieb zum Abtropfen geben. Die abgetropften Pflaumen auf dem Zwieback verteilen. Die Eiklar mit 1 Eßlöffel Wasser zu steifem Schnee schlagen, den Zucker dazugeben und weiterschlagen, bis der Zucker zergangen ist. Diese Baisermasse auf das Obst streichen und den Auflauf im Ofen bei starker Hitze etwa 10 Minuten backen, bis die Oberfläche goldgelb ist.
Pro Person etwa 275 kcal und 5 g Fett.

Tomatencocktail

500 g Tomaten · Saft von 1 Orange
Saft von 1 Zitrone · 50 g Dosenmilch (7,5 %)
1 Eßl. geschnittener Schnittlauch

Die Tomaten durch den Fleischwolf drehen oder im Mixer pürieren. Den Orangen- und den Zitronensaft zufügen. Die Flüssigkeit unter Rühren langsam in die Dosenmilch gießen. Den Cocktail in Gläser füllen, mit dem Schnittlauch bestreuen und servieren.
Pro Person etwa 50 kcal und 1 g Fett.

Weißkohlkissen mit Reisfüllung

1 kg Weißkohl · 125 g Reis
230 g Champignons aus der Dose
1 Teel. Worcestersauce · Salz

30 g Dosenmilch (7,5 %) · 250 g Möhren
100 g Zwiebeln · 100 g durchwachsener Speck
Pfeffer · geriebene Muskatnuß
15 g gekörnte Brühe

Die Blätter von dem Kohlkopf lösen und 2 Minuten in Wasser kochen. Den Reis in 3/8 l Wasser in 20 Minuten auf dem Herd oder im Ofen ausquellen lassen. Die Champignons fein hacken. Den Reis, die gehackten Champignons, die Worcestersauce, Salz und die Dosenmilch vermischen und pikant abschmekken.

Dann immer 2 bis 3 Kohlblätter übereinanderlegen, mit Reis-Pilz-Masse belegen und fest zusammenfalten; die Kohlpäckchen eventuell mit Faden zusammenbinden. Die Möhren waschen und putzen. Die Zwiebeln schälen. Die Möhren, Zwiebeln und den Speck in Scheiben schneiden. In eine flache Auflaufform zuerst die Möhren-, dann die Zwiebel- und die Speckscheiben, darauf die Kohlkissen legen. Pfeffer und Muskat darüberstreuen. Die gekörnte Brühe in 3/8 l Wasser lösen und die Flüssigkeit über die Kohlkissen gießen. Das Gericht im Ofen bei Mittelhitze in etwa 1 bis 1 1/2 Stunden garen.

Pro Person etwa 370 kcal und 16 g Fett.

Italienische Sauce

50 g Zwiebel · 50 g Möhren
30 g Margarine · 30 g Mehl
1 Eßl. Majoranpulver
1/4 l Bouillon · 50 g gekochter Schinken
Salz · Pfeffer · 1/8 l Weißwein
1 Eßl. gehackte Petersilie

Die Zwiebeln schälen und in feine Würfel schneiden. Die Möhren waschen, putzen und raspeln. Die Margarine in einem Topf erhitzen. Die Zwiebelwürfel und die Möhrenraspel in der Margarine dünsten. Das Mehl und den Majoran dazugeben, durchschwitzen und alles mit der Bouillon auffüllen. Die Sauce 10 Minuten kochen lassen. Den Schinken in feine Würfel schneiden und die Schinkenwürfel zur Sauce geben. Mit Salz und Pfeffer abschmecken. Den Weißwein und die gehackte Petersilie dazugeben. Die Sauce nochmals abschmecken und servieren.

Pro Person etwa 135 kcal und 9 g Fett.

Orangencreme

1 Päckchen Gelatinepulver · 1 Ei
50 g Zucker · 1/4 l Milch · 1/4 l Orangensaft
20 g Johannisbeergelee

Das Gelatinepulver nach Vorschrift vorbereiten. Das Ei trennen. Das Eigelb mit dem Zucker schaumig rühren und dann die Milch dazugeben. Die aufgelöste Gelatine zu dem Orangensaft geben, rühren und die Mischung nach und nach in die Eiermilch schlagen. Kalt stellen. Das Eiklar mit 1 Eßlöffel Wasser zu steifem Schnee schlagen. Wenn die Gelatinemasse anfängt, fest zu werden, den Eischnee darunterziehen. Die Creme in eine Glasschüssel füllen, fest werden lassen, mit dem Gelee garnieren und servieren.

Pro Person etwa 200 kcal und 4 g Fett.

Fischsalat

750 g Rotbarschfilet · Essig · Salz
100 g Zwiebeln · 150 g Gewürzgurken
20 g Kapern
50 g Mayonnaise (Fertigprodukt)
1/2 Becher Joghurt · 1 Prise Zucker
1 Eßl. gehackte Petersilie

Das Fischfilet säubern und mit Essig säuern. $1^1/_2$ Tassen Wasser mit Salz zum Kochen bringen, den Fisch hineinlegen und etwa 10 Minuten dünsten. Die Zwiebeln schälen. Die Zwiebeln und die Gurken in feine Würfel schneiden. Die Kapern hacken. Die Mayonnaise mit dem Joghurt, den Zwiebel- und Gurkenwürfeln, Salz, Essig, den gehackten Kapern und dem Zucker zu einer Salatsauce verrühren und pikant abschmecken.
Den Fisch in grobe Stücke teilen, die Stücke in eine Schüssel geben und mit der Salatsauce vermischen. Den Salat 1 Stunde durchziehen lassen. Dann nochmals abschmecken, mit der Petersilie bestreuen und servieren.
Pro Person etwa 335 kcal und 13 g Fett.

Karamelmilch

70 g Zucker
$^1/_2$ l Milch

1 Tasse Wasser erhitzen. 50 g Zucker in einer Pfanne unter ständigem Rühren goldbraun werden lassen und den Karamel mit dem heißen Wasser ablöschen. Die Flüssigkeit mit der Milch vermischen, mit dem restlichen Zucker abschmecken und kalt stellen. Die Karamelmilch vor dem Servieren nochmals durchrühren.
Pro Person etwa 145 kcal und 4 g Fett.

Wurzelgulasch

300 g mageres Rindergulaschfleisch
60 g Margarine · 100 g Zwiebeln
1 kg Möhren · 1500 g Kartoffeln · Salz
10 g gekörnte Brühe · 1 Prise Zucker
1 Eßl. gehackte Petersilie

Das Fleisch in mundgerechte Würfel schneiden. Die Margarine in einem Topf erhitzen und darin die Fleischwürfel scharf anbraten. Die Zwiebeln schälen, in Würfel schneiden und die Zwiebelwürfel mit dem Fleisch anrösten. Alles mit 2 Tassen Wasser auffüllen und etwa 1 Stunde schmoren lassen. Die Möhren waschen und putzen, die Kartoffeln schälen. Die Möhren und die Kartoffeln in Würfel schneiden. Die Würfel zu dem Fleisch geben und das Gulasch noch etwa 35 Minuten dünsten lassen. Mit Salz, der gekörnten Brühe und dem Zucker abschmecken. Mit der gehackten Petersilie bestreuen und servieren.
Pro Person etwa 490 kcal und 20 g Fett.

Heißer Obstsalat

2 Orangen · 200 g Äpfel
30 g Butter · 50 g Honig
Saft von 1 Zitrone
225 g Himbeeren aus der Tiefkühltruhe
200 g Ananasstücke
30 g Walnüsse

Die Orangen schälen, mit einem scharfen Messer in Achtel schneiden und dabei die Haut um die einzelnen Orangenschnitze und die Kerne entfernen. Die Äpfel schälen, halbieren, vom Kerngehäuse befreien und in Würfel schneiden. Die Butter in einer feuerfesten Form zerlassen, den Honig und den Zitronensaft unter Rühren darin erhitzen. Die Apfelwürfel hineingeben und in der Honigbutter dünsten. Die Orangenstücke, die unaufgetauten Himbeeren und die Ananasstücke dazugeben. Alles kurz erhitzen. Die Walnüsse grob hacken. Den Obstsalat mit den Nüssen bestreuen und servieren.
Pro Person etwa 225 kcal und 13 g Fett.

Grüne Bohnensuppe

300 g grüne Bohnen, frisch oder aus der Tiefkühltruhe
30 g Öl · 50 g Zwiebel · Bohnenkraut
20 g Mehl · $^3/_4$ l Brühe · Salz · Pfeffer
5 g gekörnte Brühe · 1 Eßl. gehackte Petersilie

Die Bohnen waschen und abfädeln. Tiefgefrorene Bohnen nach Vorschrift behandeln. Das Öl in einem Topf erhitzen. Die Zwiebel schälen und in feine Würfel schneiden. Die Zwiebelwürfel in dem Öl glasig werden lassen. Die Bohnen und das Bohnenkraut dazugeben. Das Mehl darüberstäuben, mit der Brühe auffüllen und die Suppe 20 Minuten kochen lassen. Mit Salz, Pfeffer und der gekörnten Brühe abschmecken, mit der Petersilie bestreuen und servieren.
Pro Person etwa 115 kcal und 4 g Fett.

Apfelklöße

30 g Margarine · 75 g Zucker · Salz · 2 Eier
375 g Mehl · $^1/_4$ Teel. Backpulver · $^1/_8$ l Milch
750 g mürbe Äpfel · Zimt · 40 g Butter

Die Margarine mit 25 g Zucker, 1 Prise Salz und den Eiern schaumig rühren. Das Mehl und das Backpulver nach und nach daruntersieben, die Milch dazugießen und alles so lange schlagen, bis der Teig schwer vom Löffel reißt. Die Äpfel schälen, halbieren, vom Kerngehäuse befreien und in kleine Würfel schneiden. Die Apfelwürfel unter den Teig mischen.
In einem Topf Salzwasser zum Kochen bringen. Mit einem nassen Eßlöffel von der Masse Klöße abstechen, die Klöße in das kochende Wasser geben und 15 bis 20 Minuten schwach ziehen lassen. Auf eine tiefe Platte einen umgedrehten kleinen Teller legen. Die Klöße mit einer Schaumkelle aus dem Wasser nehmen und darauf anrichten. Den restlichen Zucker mit Zimt vermischen. Die Butter in einer Pfanne braun werden lassen. Die braune Butter und den Zimtzucker zu den Apfelklößen servieren.
Pro Person etwa 710 kcal und 14 g Fett.

Weinsuppe

1 Stange Zimt · 2 Nelken · 1 Prise Salz
60 g Zucker · 30 g Stärkemehl · $^1/_2$ l Rotwein
Saft von 1 Zitrone · 1 Eigelb
100 g Weißbrot · 1 Eßl. Öl

$^1/_2$ l Wasser mit der Zimtstange, den Nelken, dem Salz und dem Zucker zum Kochen bringen. Das Stärkemehl mit 3 Eßlöffeln Rotwein glattrühren, in die kochende Flüssigkeit geben und etwa 1 Minute kochen lassen. Den restlichen Wein und den Zitronensaft dazugeben und heiß werden lassen. Das Eigelb in einer Suppenschüssel mit etwas Suppe verquirlen und unter Rühren langsam die restliche Suppe dazugießen. Nochmals abschmecken.
Das Weißbrot in kleine Würfel schneiden, das Öl in einer Pfanne erhitzen, die Weißbrotwürfel darin goldbraun rösten und mit der Suppe servieren.
Pro Person etwa 300 kcal und 6 g Fett.

Gratiniertes Suppenfleisch

1 Tasse Tomatensauce (Fertigprodukt)
400 g gekochtes, mageres Rindfleisch
200 g Zwiebeln · 30 g Öl · Salz · Pfeffer
1 Eßl. gehackte Petersilie · 20 g Paniermehl
10 g Butter oder Margarine

Die Tomatensauce nach Vorschrift bereiten. Das gekochte Rindfleisch von allem Fett befreien und in dünne Scheiben schneiden. Die Zwiebeln schälen und in dünne Scheiben schneiden. Das Öl in einer Pfanne erhitzen, die Zwiebelscheiben darin goldgelb rösten und dann in eine feuerfeste Form geben. Auf die Zwiebeln die Fleischscheiben legen. Mit Salz, Pfeffer und der Petersilie bestreuen. Die Tomatensauce darübergießen, das Paniermehl darüberstreuen, Butterflöckchen daraufsetzen. Das Gericht im Ofen in etwa 15 Minuten bei starker Hitze braun überbacken und servieren.
Pro Person etwa 330 kcal und 22 g Fett.

Meerrettich-Kartoffelpüree

1250 g Kartoffeln · Salz · 1/4 l Milch
50 g geriebener Meerrettich
20 g Butter oder Margarine

Die Kartoffeln schälen, in Salzwasser kochen und dann durchpressen. Die Milch erhitzen, den Meerrettich und die Butter oder Margarine dazugeben. Die Flüssigkeit zu der Kartoffelmasse geben und alles kräftig schlagen. Das Püree abschmecken und servieren.
Pro Person etwa 275 kcal und 5 g Fett.

Amerikanischer Chicorée-Salat

1 Becher Joghurt · 1 Eßl. Honig
Saft von 1 Zitrone · 1 Teel. scharfer Senf
125 g Emmentaler Käse (40 % Fett i. T.)
150 g Orangenfruchtfleisch
150 g Mais aus der Dose · 250 g Chicorée

Den Joghurt mit dem Honig, dem Zitronensaft und dem Senf zu einer Sauce verrühren und die Sauce pikant abschmecken. Den Käse in Streifen und das Orangenfleisch in Würfel schneiden. Die Käsestreifen, die Orangenwürfel und die Maiskörner zu der Sauce geben. Den Chicorée von schlechten Blättern befreien, die Stauden halbieren, den festen Keil herausschneiden, die Hälften waschen und in 2 cm breite Streifen schneiden. Die Chicoréestreifen unter den Salat mischen und sofort servieren.
Pro Person etwa 295 kcal und 10 g Fett.

Gebratene Pute

1 Pute von etwa 3 kg · Salz · Pfeffer
1 Spur Knoblauchsalz · Thymian
50 g Margarine · 150 g Möhren
100 g Zwiebeln · 20 g Stärkemehl
50 g saure Sahne · 1 Prise Currypulver

Die Pute waschen, abtrocknen. Salz, Pfeffer, das Knoblauchsalz und Thymian miteinander vermengen. Die Pute innen und außen mit der Gewürzmischung einreiben. Die Margarine in einer Pfanne erhitzen. Die Pute in dem Fett anbraten. Die Möhren waschen und schaben, die Zwiebeln schälen; Möhren und Zwiebeln in Stücke schneiden. Die Stücke in die Pfanne geben und kurz mitbraten. 1 Tasse heißes Wasser über die Pute gießen, die Pfanne in den Ofen schieben und die Pute bei schwacher Hitze 2 bis 3 Stunden braten. Während des Bratens 8- bis 10mal mit 1 Tasse kaltem Wasser übergießen.
Die gare Pute warm stellen. Die Sauce mit Wasser auf 1/2 l auffüllen. Das Stärkemehl mit der sauren Sahne verrühren, die Sauce damit binden und noch etwa 1 Minute kochen lassen. Die Sauce dann mit Salz und dem Curry abschmecken und durch ein Sieb gießen.

Die Pute in Portionsstücke teilen und anrichten. Die Sauce gesondert servieren. Die restliche Pute fürs Abendbrot aufbewahren.
Pro Person bei 100 g schierem Fleisch mit Sauce etwa 375 kcal und 25 g Fett.

Kopfsalat mit Spargel

2 Köpfe Salat · 30 g Öl · 1 Eßl. Essig
1/4 Tasse Spargelwasser · Salz · Pfeffer
1 Prise Zucker
150 g Spargelstücke aus der Dose
edelsüßes Paprikapulver

Die Salatköpfe von den schlechten Blättern befreien, waschen und in Viertel schneiden. Aus dem Öl, dem Essig, dem Spargelwasser, Salz, Pfeffer und dem Zucker eine pikante Salatsauce bereiten. Die Spargelstücke hineinlegen und 1 Stunde marinieren lassen. Die Salatviertel auf einer Platte anrichten, die Spargelstücke darauf verteilen, die Marinade darübergießen, alles mit Paprikapulver bestreuen und servieren.
Pro Person etwa 90 kcal und 7 g Fett.

Mokkadessert

1 Päckchen Gelatinepulver · 1/2 l Milch
15 g Pulverkaffee · 70 g Zucker · 2 Eiklar
20 Mokkabohnen

Die Gelatine nach Vorschrift vorbereiten. Die Milch erhitzen, den Pulverkaffee und den Zucker einrühren und die Gelatine darin auflösen. Die Flüssigkeit in eine Schüssel gießen und kalt stellen.
Die Eiklar mit 1 Eßlöffel Wasser zu steifem Schnee schlagen. Wenn das Gelee anfängt, fest zu werden, den Eischnee unterziehen. Das Mokkadessert steif werden lassen. Dann mit den Mokkabohnen garnieren und servieren.
Pro Person etwa 280 kcal und 5 g Fett.

Orangensauce

150 g Orangensaft
30 g Mayonnaise (Fertigprodukt)
3/4 Becher Joghurt · 1 Eßl. Tomatenketchup
Salz · 1 Teel. Senf · edelsüßes Paprikapulver

Den Orangensaft mit der Mayonnaise, dem Joghurt, dem Tomatenketchup, Salz, dem Senf und Paprikapulver verrühren, pikant abschmecken und servieren.
Pro Person etwa 70 kcal und 5 g Fett.

Verzeichnis der Rezepte